U0901362

獨秀文存·论文（下）

陈独秀◎著

首都经济贸易大学出版社
Capital University of Economics and Business Press
·北京·

图书在版编目（CIP）数据

独秀文存．论文．下/陈独秀著．--北京：首都经济贸易大学出版社，2018.1

ISBN 978-7-5638-2688-9

Ⅰ．①独… Ⅱ．①陈… Ⅲ．①陈独秀（1879-1942）—文集 Ⅳ．①D2-0

中国版本图书馆 CIP 数据核字（2017）第 200906 号

独秀文存·论文（下）
陈独秀 著
Duxiu Wencun Lunwen（Xia）

责任编辑 孟岩岭 季云和
封面设计 砚祥志远·激光照排 TEL：010-65976003
出版发行 首都经济贸易大学出版社
地 址 北京市朝阳区红庙（邮编 100026）
电 话 （010）65976483 65065761 65071505（传真）
网 址 http://www.sjmcb.com
E-mail publish@cueb.edu.cn
经 销 全国新华书店
照 排 北京砚祥志远激光照排技术有限公司
印 刷 唐山玺诚印务有限公司
开 本 710 毫米×1000 毫米 1/16
字 数 224 千字
印 张 12.75
版 次 2018 年 1 月第 1 版 2023 年 3 月第 1 版第 3 次印刷
书 号 ISBN 978-7-5638-2688-9/D·185
ISBN 978-7-5638-2684-1（全四册）
定 价 72.00 元

四
獨秀文存
三
獨秀文存
二
獨秀文存
一
獨秀文存

二十五年前，我在上海警鐘報社服務的時候知道陳仲甫君。那時候，我们所做的，都是表面普及常識，暗中鼓吹革命的工作。我所最不能忘的，是陳君在蕪湖，与同志數人合辦一種白話報，他人逐漸的因不耐苦而脫離了，陳君獨力支持了幾个月，我很佩服他的毅力与責任心。後來陳君往日本，我往歐洲，多年不相聞問。直到民國六年，我任北京大學校長，与湯君爾和商及文科學長人選，湯君推陳獨秀，說獨秀即仲甫，並以新青年十餘本示我。我問明陳君住址，就到前门外某旅館訪他，他答應相助。陳君任北大文科學長後，与沈尹默、錢玄同、劉半農、周啓民諸君甚相得，後來又聘到已在新青年發表過文學革命通訊的胡適之君，益復與高彩烈，漸漸就引起新文化的運動來。

後来陳君離了北京，我们兩人見面的機會就很少；我記得的共有十五年冬季在亞東圖書館与今年在看守所的兩次。他所作的文，我也狠難得讀到了。

這部文存，所存的都是陈君在新青年上發表過

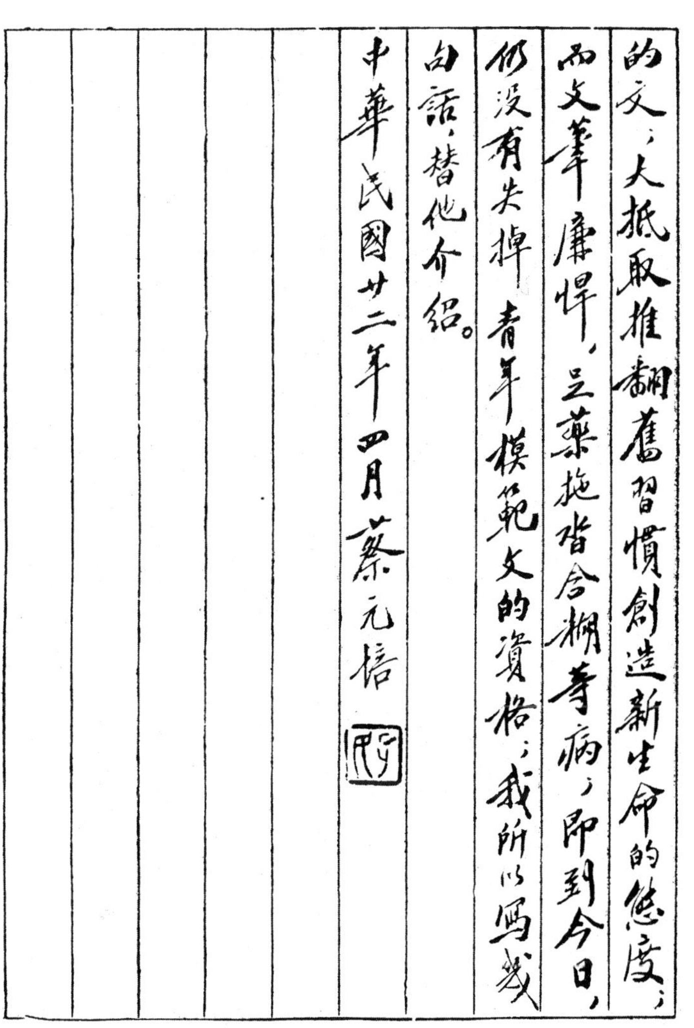

的文；大抵取推翻舊習慣創造新生命的態度；而文筆廉悍，足藥拖沓含糊等病；即到今日，仍沒有失掉青年模範文的資格；我所以寫幾句話，替他介紹。

中華民國廿二年四月蔡元培

序

二十五年前，我在上海《警钟报》社服务的时候，知道陈仲甫君。那时候我们所做的，都是表面普及常识，暗中鼓吹革命的工作。我所最不能忘的，是陈君在芜湖，与同志数人合办一种白话报，他人逐渐的[①]因不耐苦而脱离了，陈君独立支持了几个月；我狠[②]佩服他的毅力与责任心。

后来陈君往日本，我往欧洲，多年不相闻问。直到民国六年，我任北京大学校长，与汤君尔和商及文科学长人选，汤君推陈独秀，说独秀即仲甫，并以《新青年》十余本示我。我问明陈君住址，就到前门外某旅馆访他，他答应相助。陈君任北大文科学长后，与沈尹默、钱玄同、刘半农、周启民诸君甚相得，后来又聘到在《新青年》发表过文学革命通讯的胡适之君，益复兴高彩烈[③]，渐渐儿引起新文化的运动来。

后来陈君离了北京，我们两人见面的机会就狠少；我记得的就止有十五年冬季在亚东图书馆与今年在看守所的两次。他所作的文，我也狠难得读到了。

这部《文存》所存的，都是陈君在《新青年》上发表过的文，大抵取推翻旧习惯、创造新生命的态度，而文章廉悍，足药拖沓、含糊等病；即到今日，仍没有失掉青年模范的资格。我所以写几句话，替他介绍。

中华民国廿二年四月　蔡元培

---

① 当时用法，今作“地”。

② 旧同“很”。本篇下文同。

③ 今作“兴高采烈”。

自　序

亚东主人将我近几年来所做的文章印行了。我这几十篇文章，原没有什么文学的价值，也没有古人所谓著书传世的价值。但是如今出版界的意思，只要于读者有点益处，有印行的价值便印行，不一定要是传世的作品；著书人的意思，只要有点心得或有点意见贡献于现社会，便可以印行；至于著书传世藏之名山以待后人这种昏乱思想，渐渐变成过去的笑话了。我这几十篇文章，不但不是文学的作品，而且没有什么有系统的论证，不过直述我的种种直觉罢了；但都是我的直觉，把我自己心里要说的话痛痛快快的[①]说将出来，不曾剿袭[②]人家的说话，也没有无病而呻的说话，在这一点，或者有出版的价值。在这几十篇文章中，有许多不同的论旨，就此可以看出文学是社会思想变迁底[③]产物，在这一点，也或者有出版的价值。既有出版的价值，便应该出版，便不必说什么“徒灾梨枣”等客套话。

一九二二年八月，独秀自序于上海

---

① 当时用法，今作“地”。

② 同“抄袭”。

③ 旧同“的”。

目录 / 1

克林德碑

京中各校十一月十四、十五、十六放假三天，庆祝协约国战胜；旌旗满街，电彩照耀，鼓乐喧阗，好不热闹；东交民巷以及天安门左近，游人拥挤不堪；万种欢愉声中，第一欢愉之声便是“好了好了，庚子以来举国蒙羞的‘石头牌坊’（即克林德碑，北京人通称呼石头牌坊）已经拆毁了”。余方卧病，不愿出门：一来是觉得此次协约国①战胜德国，我中国毫未尽力，不便厚着脸来参与这庆祝盛典；二来是觉得此次协约国胜利，不尽归功军事。在我看来，与其说是庆祝协约国战争胜利，不如说是庆祝德国政治进步。至于提起那块克林德碑，我更有无穷感慨，无限忧愁；所以不管门外如何热闹，只是缩着头在家中翻阅闲书消遣。

我在闲书中看见罗惇融氏两篇文章：一曰《庚子国变记》，一曰《拳变馀闻》。这两篇文章，和这一块克林德碑却大有关系。兹将其中顶有趣味的几处钞②出来，给大家一读：

> 义和拳源于八卦教，起于山东堂邑县，旧名义和会，东抚捕之急，潜入直隶河间府景州、献县。乾字拳先发，坎字继之。坎字拳蔓延沧州静海间，白沟河之张德成为之魁；设坛于静海属之独流镇，称天下第一坛，遂为天津之祸。乾字拳由景州蔓延于深州、冀州，而涞州，而定兴、固安，以入京师。天津、北京拳匪本分二系，皆出于义

① 原文无“国”字，今依文义加。

② 旧同“抄”。本篇下文同。

和会，此后皆称义和团。……京师从授法者，教师附其耳咒之，词曰："请志心归命礼，奉请龙王三太子、马朝师、马继朝师、天光老师、地光老师、日光老师、月光老师、长棍老师、短棍老师。"要请神仙某，随意呼一古人，则孙悟空、猪八戒、杨戬、武松、黄天霸等也。又一咒云："快马一鞭，西山老君，一指天门动，一指地门开，要学武艺，请仙师来。"一咒云："天灵灵，地灵灵，奉请祖师来显灵。一请唐僧、猪八戒，二请沙僧、孙悟空，三请二郎来显圣，四请马超、黄汉升，五请济颠我佛祖，六请江湖柳树精，七请飞标黄三太，八请前朝冷于冰，九请华陀[1]来治病，十请托塔天王、金叱、木叱、哪叱[2]三太子，率领天上十万神兵。"诸坛所供之神不一，如姜太公、诸葛武侯、赵子龙、梨山老母、西楚霸王、梅山七弟兄、九天玄女。

慈禧太后以戊戌政变，康有为遁，英人庇之，大恨。己亥冬，端王载漪谋废立，先立载漪之子溥俊为大阿哥……载漪使人讽各国公使入贺，各公使不听，有违言，载漪愤甚，日夜谋报复。会义和团起，以灭洋为帜，载漪大喜，乃言诸太后，力言义民起，国家之福。遂命刑部尚书赵舒翘、大学士刚毅先后行，导之入京师，至者数万人。义和拳谓铁路、电线皆洋人所借以祸中国，遂焚铁路、毁电线，凡家藏洋画、洋图，皆号"二毛子"，捕得必杀之。

义和团自谓能祝枪炮不发，又能入空中指画则火起，刀槊不能伤，出则命市人向东南拜，都人崇拜极虔，有非笑者则僇辱之。仆隶厮圉，皆入义和团，主人不敢慢，或更借其保护。稍有识者，皆结舌自全，无有敢公言其谬者矣。义和团既遍京师，朝贵崇奉者十之七八；大学士徐桐、尚书崇绮等信仰尤笃。义和团既借仇教为名，指光

① 原文如此。今一般作"华佗"。
② 原文如此。今一般作"哪吒"。

绪帝为教主，盖指戊戌变法效法外洋，为帝之大罪也。

以启秀、溥兴、那桐入总理衙门，以载漪为总理。日本书记杉山彬出永定门，董福祥遣兵杀之，裂其尸于道。拳匪于右安门焚教民居，无老幼男女皆杀之。继焚顺治门内教堂，城门昼闭，京师大乱。……正阳门外商场为京师最繁盛处，拳匪纵火焚四千余家……火延城阙，三日不灭。……载漪等昂言以兵围攻使馆，尽歼之。

开御前会议，载漪请围攻使馆，杀使臣，太后许之。

下诏褒拳匪为义民，给内帑十万两。载漪于邸中设坛，晨夕虔拜。太后亦祠之禁中。城中焚劫，火光蔽天，日夜不息。车夫小工，弃业从之。近邑无赖，纷趋都下，数十万人，横行都市。夙所不快，指为教民，全家皆尽，死者十数万人。杀人刀矛并下，肢体分裂。被害之家，婴儿未匝月，亦毙之。

太后召见其大师兄，慰劳有加。士大夫之谄谀干进者，争以拳匪为奇货。知府曾廉、编修王龙文献三策，乞载漪代奏："攻交民巷，尽杀使臣，上策也；废旧约，令夷人就我范围，中策也；若始仗终和，与衔璧舆榇何异?"载漪得书，大喜曰："此公论也。"御史徐道焜奏曰："洪钧老祖已命五龙守大沽，夷船当尽没。"御史陈嘉言自云："得关壮缪帛书，言夷当自灭。"编修萧荣爵言："夷狄无君父二千余年，天将假手义民尽灭之。"……当时上书言神怪者以百数。

太后谕各国使臣入总理衙门集议，德使克林德先行，载漪令所部虎神营伺之于道，杀之，后至者皆折回。徐桐、崇绮闻之，大喜，谓"夷酋诛，中国强矣"。太后命董福祥及武卫中军攻交民巷，炮声日夜不绝。拳匪助之，披发禹步，升屋而号者数万人，声动天地。洋兵仅四百，董福祥所部万人，攻月余不能下，武卫军死者千人。……尚书启秀奏言："使臣不除，必为后患；五台僧普济有神兵十万，请召之会歼逆夷。"……御史彭述谓"义和拳咒炮不燃，其术至神，无畏夷兵"。太后亦欲用山东僧普法、余蛮子、周汉三人者，王龙文上书所谓三贤也。

天津陷……京师大震。彭述曰："此汉奸张夷势以相恫吓也。姜桂题杀夷兵万余，夷方穷蹙，行乞和矣。"时桂题方在山东，未至天津也。

李秉衡至自江南，太后大喜。……太后闻天津败，方旁皇；得秉衡言，乃决战。……洋兵既将逼京师，乃变计欲议和……以桂春、陈夔龙送使臣至天津，使臣不肯行，复书词甚慢。彭述请"俟其出，张旗为疑兵，数百里皆满，可以怵夷"。闻者笑之。是日李秉衡出视师，请义和拳三千人以从。秉衡新拜其大师兄，各持引魂旛、混天大旗、雷火扇、阴阳瓶、九连环、如意钩、火牌、飞剑，拥秉衡而行，谓之八宝。北人思想，多源于戏剧，北剧最重神权，每日必演一神刷，《封神传》《西游记》，其最有力者也。

无何，通州陷，李秉衡死之。……敌兵自通州至，董福祥战于广渠门，大败。……七月二十日黎明，北京城破。

五月中，有黄莲圣母，乘舟泊北门外，船四周皆裹红绉；有三仙姑、九仙姑，同居舟中。——直督裕禄迎入署，朝服九拜，弗为动。……圣母坐神橱中，垂黄幔，香烟敬供，万众礼拜，城陷逃去。拳匪散为盗，劫圣于舟中，审为圣母也，缚而献诸都统衙门，获重赏。一仙姑投水死，一仙姑与圣母同被执，皆僇之。

义和拳称神拳，以降神召众，号令皆神语。……庚子四五月间，津民传习殆遍；有关帝降坛文、观音托梦词、济颠醉后示，皆言灭洋人。忽传玉帝敕：命关帝为先锋，灌口二郎神为合后，增财神督粮，赵子龙、马孟起、黄汉升、尉迟敬德、秦叔宝、杨继业、李存孝、常遇春、胡大海皆来会师。其所依据，则《西游记》《封神传》《三国演义》《绿牡丹》《七侠五义》诸小说，此中所常演之剧也。

匪扬言海口起沙横亘百里外，阻夷船，团中海乾神师为之也。既而一僧来，自称海乾，众虔奉之，着黄缎服，手念珠，持禅杖，受众供养。城陷后，不知所终。

拳匪之祸，成于匪首张德成、曹福田。……德成语其众曰："顷睡时，元神赴天津紫竹林，见洋人正剖妇女，以秽物涂楼上，为压神团法也。"他日又言："元神赴敌，盗得洋炮机管，炮不得燃矣。"更率众周行镇外，三匝，以杖画地曰："此一周土城，一周铁城，一周铜城，洋人即来，无能越者。"……无何城陷，张匪挟巨赀行，至王家口，索盐商王姓具供张……王不能堪，村人愤甚，乃共谋刺之。共捕德成，余匪尽逃，德成叩头乞饶。众曰："试其能避刀剑否？"共斫之，成血糜焉。……福田不敢与洋人战，日列队行周衢，遇武卫军，则缚而僇之，报聂士成落垡一战之仇也……绅商虑开战则全城糜烂，力请于裕禄议和，裕禄令请命于福田，福田不可，曰："吾奉玉帝敕，命率天兵天将，尽歼洋人，吾何敢悖命敕。"……众以商民生命为请。福田曰："死者皆劫数中人。吾扫荡洋人后犹当痛戮不忠不孝不仁不义之人，完此劫数。"及马玉崑兵败，津城陷，福田易装遁。……潜归里，里人缚送之官，磔之于静海县。

徐桐以汉军翰林至大学士，以理学自命，日诵《太上感应篇》，恶新学如仇。门人李家驹充大学堂提调，严修请开经济特科，桐榜二人之名于门，拒其进见。其宅在东交民巷，恶见洋楼，每出城拜客，不欲经洋楼前，乃不出正阳门，绕地安门西出……拳匪起京师，桐大喜，谓中国自此强矣。其赠大师兄联云："创千古未有奇闻，非大非邪，攻异端而正人心，忠孝节廉，只此精神未泯。 为斯世少留佳话，一惊一喜，仗神威以寒夷胆，农工商贾，于今怨愤能消。"

这一篇过去的历史本无甚足道，但是今日提起那块克林德碑，便不由人要回顾这一段可笑、可惊、可恼、可悲的往事。古人说："往事不忘，后事之师。"所以首先钞出来给我健忘的国民一读，然后再发表我的意见。

原来，这块克林德碑，是庚子年议和时设立，向德国赔罪的。为何要设立这块碑向德国赔罪呢？因为义和团无故杀了德国公使克林德氏，各国联军打破了北京城，为须要中国在克林德被害的地方设立一块石碑，方肯罢休。你说中国何等可耻！义和团何等可恶！

现在德国的民党，正在要革那皇帝和军国主义的命，协约国乘势将德国打败；我们中国人也乘势将这块克林德碑拆毁；大家都喜欢的[①]了不得，都以为这块国耻的纪念碑已经拆毁，好不痛快！在我看来，这块碑实拆得多事。因为这块碑是义和拳闹出来的，不久义和拳又要闹事，闹出事来，又要请各国联军来我们中华大国朝贺一次；那时要设立的石碑，恐怕还不只[②]一处，此时急忙拆毁这一块克林德碑，岂非多事？

何以见得义和拳又要闹事？这是诸君必然要质问我的。诸君！诸君！莫道我故作惊人之语！诸君若不相信，请听我将义和拳过去、现在及将来发生的原因、结果，略说一番：

这过去造成义和拳的原因，第一是道教。义和拳真正的匪魁，就是从张道陵一直到现在的天师。道教出于方士，方士出于阴阳家——与九流之道家无关，此说应有专篇论之——这是我中华国民原始思想，也就是我中华自古讫[③]今之普遍国民思想，较之后起的儒家孔子“忠、孝、节”之思想入人尤深。一切阴阳、五行、吉凶、灾祥、生克、画符、念咒、奇门、遁甲、吞刀、吐火、飞沙、走石、算命、卜卦、炼丹、出神、采阴、补气、圆光、呼风、唤雨、求晴、求雨、招魂、捉鬼、拿妖、降神、扶乩、静坐、设坛、授法、风水、谶语……种种迷信邪说，普遍社会，都是历代阴阳家方士道士造成的。义和拳就是全社会种种迷信、种种邪说的结晶，所以彼等开口便称奉了玉皇大帝敕命来灭洋人也。

第二原因，就是佛教。佛教造成义和拳，有两方面：一方面是佛教哲理，承认有超物质的灵魂世界，且承认超物质的世界有绝大威权，可以左

---

① 旧同“得”。
② 今作“止”。
③ 今作“迄”。

右这虚幻的物质世界。超物质的世界果有此种威权，义和拳便有存在的余地了。一方面是大日如来教（即秘密宗）种种神通的迷信，也是造成义和拳的重要分子。所以义和拳所请的神，也把达济、济颠和《西游记》上的唐僧等一班人都拉进去了。

第三原因，就是孔教。孔子虽不语神怪，然亦不曾绝对否认鬼神；而且《春秋》大义，无非是“尊王攘夷”四个大字。义和拳所标榜的“扶清灭洋”岂不和“尊王攘夷”是一样的意思吗？

儒、释、道三教合一的中国戏，乃是造成义和拳的第四种原因。这“脸谱”“打把子”的中国戏剧，不是演那孔教的忠孝节义，便是装那释、道教的神仙鬼怪，有时观音、土地和天兵天将出来搭救那忠孝节义的人，更算得三教同归了。义和拳所请的神，多半是戏中“打把子”“打脸”的好汉，若关羽、张飞、赵云、孙悟空、黄三太、黄天霸等是也。津、京、奉戏剧特盛，所以义和拳格外容易流传。义和拳神来之时，言语摹仿戏上的说白，行动摹仿戏上的台步；这是当时京、津、奉的人亲眼所见，非是鄙人信口开河罢①！

最近第五原因，乃是那仇视新学、妄自尊大之守旧党。庚子事变虽是西太后和载漪因为废立的事仇恨各国公使，然还是少数；当时政府中人，因为新旧之争，主张纵匪仇洋者实居十之八九，徐桐、刚毅、启秀，其代表也。这班人不知西洋文明为何物，守着历代相传保存国粹、妄自尊大的旧思想，以为我们中华大国先圣先贤的纲常礼教灿然大备，那外洋各国的夷人算得什么。戊戌年康、梁主张效法西洋，改变旧法，被旧党推倒，也就是这个缘故。所以戊戌年谭、林等六人被逮时，西太后召见刑部尚书赵舒翘，命严究其事，赵对曰：“此等无父无君的禽兽（康有为听者!），杀无赦，不必问供。”他们眼里，以各国夷人不懂得中国圣贤的纲常礼教，都是禽兽；至于附和而且主张效法那禽兽的中国人，不更可杀吗？所以他

① 旧同“吧”。

们戊戌年将一班附和禽兽的新党杀尽赶尽，还不痛快；到了庚子年，有了保存国粹、三教合一的义和拳出来，要杀尽禽兽，他这班理学名臣自然十分痛快，以为是根本解决了。徐桐赠大师兄的对联，正是这班人的思想之代表。

以这过去五种原因，造成了义和拳大乱；以义和拳大乱，造成了一块国耻的克林德碑：这因果分明的事实，非是鄙人杜撰得来的。以过去的因果推测将来，制造义和拳的五种原因，现在都依然如旧；义和拳的名目此时虽还未发生，而义和拳的思想、义和拳的事实却是遍满国中，方兴未艾，保得将来义和拳不再发生吗？将来义和拳再要发生，保得不又要竖起国耻的纪念碑吗？诸君倘不信吾言，请观左列[①]之事实：

> 扶乩的风气，遍于南北，上海的盛德坛算是最有名了，所有古代的名鬼一齐出现；鬼的字，鬼的画，鬼的文章，鬼的相片，无奇不有，实在比义和拳还要荒唐。
>
> 长江一带三教合一的泰州教，京津一带静坐授法的先天道，都在那里鬼鬼祟祟的[②]活动，这派头不和白莲教、义和拳是一鼻孔出气吗？
>
> 北京城里新华街修了一条马路，本打算直通城外，只因为北京的官场和商民都恐怕拆城坏了风水，这条马路只造到城根而止，你说可笑不可笑！
>
> 安庆修理宝塔，动工的日子要算算和省长的八字冲犯不冲犯。北京选举总统的日子，听说也曾请有名的算命先生推算和候补总统的八字合不合。
>
> 济南镇守使马良所提倡的中华新武术，现在居然风行全国。我看他所印教科书（曾经教育部审定）中的图像，简直和义和拳一模一

---

① 原书竖排，自右至左读，故曰“左列”。

② 当时用法，今作“地”。

样；而且他所作的发起总说中说道："考世界各国，武术体育之运用，未有愈于我中华之武术者。前庚子变时，民气激烈，尚有不受人奴隶之主动力；惜无自卫制人之术，反致自相残害，浸以酿成杀身之祸。良蒿目时艰，抚膺太息……"岂不是对于义和拳大表同情吗？

湖南督军张敬尧带兵到四川、到湖南打仗，到处都建造九天玄女庙；出战时招呼兵士左手心写一"得"字，右手心写一"胜"字，向西对九天玄女磕几个头，保管得胜。诸君看看这是什么玩意儿？

皖南镇守使马联甲的侄女得了疯病，用五千元请张天师来治，那天师带领一班法官，请到天兵天将，用掌心雷将妖捉去；天师所过的芜湖、安庆、九江等地方，众人围着求符咒的不计其数。这是何等世界！

山东东河、平阴、茌平、肥城等县发现了三阳教匪（教首为王会臣、李同升等），在各乡镇集传教，说入教的人能避刀枪，无知愚民入会学习者日见其多。

天津南开学校开教职员游艺会的时候，有一位国文主任某君，讲一篇历史的谈话，说曾国藩是蟒蛇精转胎，他身上的癣就是蛇皮的证据。有一天去见张天师，天师不肯见他；他再三要见，见面之后，他的蛇魂便被天师收去，随即无病而死。哈哈！这就是北方一个著名的学校的教育！

天津庆祝协约战胜，各界游行街市，内中最奇怪的是南开学校做了一个船名叫"国魂舟"！学生二人扮做关羽、岳飞坐在舟中。校中复以"国魂舟感言"为题，考试学生的国文；一般学生的文章，无非是称赞关、岳二位武圣为中国的国魂。这还不算奇怪，最好的有二位学生文章内中有云："噫！其中亦不思吾国魂舟中曾有关公、岳飞其人乎？洋人，洋人，毋笑吾为驽弱！""安得有如关、岳者昂坐舟中，而使黄毛碧眼之辈，伏跪膝下，而大快人心者耶！"唉！呀！曹、张（是义和拳两位大师兄，不是现在两位大督军）出产地之青年思想，仍旧是现在社会上国粹的医、卜、星、相种种迷信，那[1]一样不到处风行，全国国民脑子里有丝毫科学思想的影子吗？慢说老腐败了，就是在东西洋学过科学的新人物，仍然迷信国粹的医、卜、星、相的人，我还知道不少咧！

政府当局的人，目下为时势所迫，也说要提倡新学，也说要输入西洋文化，这不过是表面上敷衍洋人，怕外交团不承认他的位置罢了。其实他们的脑子里装满了和新学和西洋文化绝对相反的纲常名教，和徐桐、刚毅是一流人物，还不及徐、刚诚实；所以开口一个礼教，闭口一个纲纪，像那非纲纪礼教、无君臣上下的西洋文化，岂不是他们的眼中钉吗？

现在的新派人物，虽说没什么思想学问，但总算是倾向共和、科学方面；在代表专制迷信的旧人物看起来，这些新人物无非是叛逆，是异端邪教，所以时时刻刻想讨灭这班叛逆、异端邪教，方足以肃纲纪而正人心。这就是中国自戊戌以来政变的根本原因了。

照上列的事实看起来，现在中国制造义和拳的原因，较庚子以前并未丝毫减少，将来的结果可想而知。我国民要想除去现在及将来国耻的纪念碑，必须要叫义和拳不再发生；要想义和拳不再发生，非将制造义和拳的种种原因完全消灭不可。

现在世上是有两条道路：一条是向共和的、科学的、无神的光明道路，一条是向专制的、迷信的、神权的黑暗道路。我国民若是希望义和拳不再发生，讨厌像克林德碑这样可耻纪念物不再竖立，到底是向那条道路而行才好呢？

一九一八，十，十五

① 旧同“哪”。本篇下文同。

《新青年》罪案之答辩书

本志经过三年，发行已满三十册，所说的都是极平常的话，社会上却大惊小怪，八面非难，那旧人物是不用说了，就是咶咶叫[1]的青年学生，也把《新青年》看作一种邪说、怪物、离经叛道的异端、非圣无法的叛逆。本志同人，实在是惭愧得很；对于吾国革新的希望，不禁抱了无限悲观。

社会上非难本志的人，约分为二种：一是爱护本志的，一是反对本志的。第一种人对于本志的主张，原有几分赞成；惟看见本志上偶然指斥那世界公认的废物，便不必细说理由，措词[2]又未装出绅士的腔调，恐怕本志因此在社会上减了信用。像这种反对，本志同人是应该感谢他们的好意。

这第二种人对于本志的主张，是根本上立在反对的地位了。他们所非难本志的，无非是破坏孔教、破坏礼法、破坏国粹、破坏贞节、破坏旧伦理（忠、孝、节）、破坏旧艺术（中国戏）、破坏旧宗教（鬼神）、破坏旧文学、破坏旧政治（特权、人治）这几条罪案。

这几条罪案，本社同人当然直认不讳。但是追本溯源，本志同人本来无罪，只因为拥护那德莫克拉西（Democracy）和赛因斯（Science）两位先生，才犯了这几条滔天的大罪。要拥护那德先生，便不得不反对孔教、礼法、贞节、旧伦理、旧政治；要拥护那赛先生，便不得不反对旧艺术、

① 原文如此。今作“刮刮叫”或“呱呱叫”。

② 今作“措辞”。

旧宗教；要拥护德先生又要拥护赛先生，便不得不反对国粹和旧文学。大家平心细想，本志除了拥护德、赛两先生之外，还有别项罪案没有呢？若是没有，请你们不用专门非难本志，要有气力有胆量来反对德、赛两先生，才算是好汉，才算是根本的办法。

社会上最反对的，是钱玄同先生废汉文的主张。钱先生是中国文字音韵学的专家，岂不知道语言文字自然进化的道理？（我以为只有这一个理由可以反对钱先生）他只因为自古以来汉文的书籍，几乎每本、每页、每行都带着反对德、赛两先生的臭味；又碰着许多老少汉学大家，开口一个国粹，闭口一个古说，不啻声明汉学是德、赛两先生天造地设的对头；他愤极了才发出这种激切的议论，像钱先生这种“用石条压驼背”的医法，本志同人多半是不大赞成的。但是社会上有一班人，因此怒骂他，讥笑他，却不肯发表意思和他辨驳[①]，这又是什么道理呢？难道你们能断定汉文是永远没有废去的日子吗？

西洋人因为拥护德、赛两先生，闹了多少事，流了多少血，德、赛两先生才渐渐从黑暗中把他们救出，引到光明世界。我们现在认定只有这两位先生，可以救治中国政治上、道德上、学术上、思想上一切的黑暗。若因为拥护这两位先生，一切政府的压迫，社会的攻击笑骂，就是断头流血，都不推辞。

此时正是我们中国用德先生的意思废了君主第八年的开始，所以我要写出本志得罪社会的原由，布告天下。

一九一九，一，一五

① 今作“辩驳”。

《新青年》宣言

本志具体的主张，从来未曾完全发表。社员各人持论，也往往不能尽同。读者诸君或不免怀疑，社会上颇因此发生误会。现当第七卷开始，敢将全体社员的公共意见明白宣布。就是后来加入的社员，也公同①担负此次宣言的责任。但“读者言论”一栏，乃为容纳社外异议而设，不在此例。

我们相信世界上的军国主义和金力主义已经造了无穷罪恶，现在是应该抛弃的了。

我们相信世界各国政治上、道德上、经济上因袭的旧观念中，有许多阻碍进化而且不合情理的部分。我们想求社会进化，不得不打破“天经地义”“自古如斯”的成见，决计一面抛弃此等旧观念，一面综合前代贤哲、当代贤哲和我们自己所想的，创造政治上、道德上、经济上的新观念，树立新时代的精神，适应新社会的环境。

我们理想的新时代、新社会，是诚实的、进步的、积极的、自由的、平等的、创造的、美的、善的、和平的、相爱互助的、劳动而愉快的、全社会幸福的。希望那虚伪的、保守的、消极的、束缚的、阶级的、因袭的、丑的、恶的、战争的、轧轹不安的、懒惰而烦闷的、少数幸福的现象，渐渐减少，至于消灭。

我们新社会的新青年，当然尊重劳动；但应该随个人的才能兴趣，把劳动放在自由、愉快、艺术、美化的地位，不应该把一件神圣的东西当做

---

① 今作“共同”。

维持衣食的条件。

我们相信人类道德的进步，应该扩张到本能（即侵略性及占有心）以上的生活，所以对于世界上各种民族，都应该表示友爱互助的情谊。但是对于侵略主义、占有主义的军阀财阀，不得不以敌意相待。

我们主张的是民众运动、社会改造，和过去及现在各派政党，绝对断绝关系。

我们虽不迷信政治万能，但承认政治是一种重要的公共生活；而且相信真的民主政治，必会把政权分配到人民全体，就是有限制，也是拿有无职业做标准，不拿有无财产做标准；这种政治，确是造成新时代一种必经的过程，发展新社会一种有用的工具。至于政党，我们也承认他①是运用政治应有的方法；但对于一切拥护少数人私利或一阶级利益，眼中没有全社会幸福的政党，永远不忍加入。

我们相信政治、道德、科学、艺术、宗教、教育，都应该以现在及将来社会生活进步的实际需要为中心。

我们因为要创造新时代、新社会生活进步所需要的文学、道德，便不得不抛弃因袭的文学、道德中不适用的部分。

我们相信尊重自然科学、实验哲学，破除迷信妄想，是我们现在社会进化的必要条件。

我们相信尊重女子的人格和权利，已经是现在社会生活进步的实际需要，并且希望他们个人自己对于社会责任有彻底的觉悟。

我们因为要实验我们的主张，森严我们的壁垒，宁欢迎有意识、有信仰的反对，不欢迎无意识、无信仰的随声附和。但反对的方面没有充分理由说服我们以前，我们理当大胆宣传我们的主张，出于决断的态度；不取乡愿的、紊乱是非的、助长惰性的、阻碍进化的、没有自己立脚地的调和

① “五四”以前“他”兼称男性、女性以及一切事物。［见《现代汉语词典》（第7版）］

论调；不取虚无的、不着边际的、没有信仰的、没有主张的、超实际的、无结果的绝对怀疑主义。

一九一九，十二，一

对于梁巨川先生自杀之感想

梁巨川先生自杀前一个月，留下《敬告世人书》一篇，说明他自杀的宗旨，现在把这书中最紧要的几处录在左方①：

> 吾今竭诚致敬以告世人曰：梁济之死，系殉清朝而死也。
>
> 吾因身值清朝之末，故云殉清。其实非以清朝为本位，而以幼年所学为本位。吾国数千年，先圣之诗礼纲常，吾家先祖先父先母之遗传与教训，幼年所闻，以对于世道有责任为主义。此主义深印于吾脑中，即以此主义为本位，故不容不殉。
>
> 今人为新说所震，丧失自己权威。自光宣之末，新说谓敬君恋主为奴性，一般吃俸禄者靡然从之，忘其自己生平主意。苟平心以思，人各有尊信持循之学说。彼新说持自治无须君治之理，推翻专制，屏斥奴性，自是一说。我旧说以忠孝节义范束全国之人心，一切法度纪纲，经数千年圣哲所创垂，岂竟毫无可贵？
>
> 今吾国人憧憧往来，虚诈惝恍，除希望侥幸便宜外，无所用心，欲求对于职事以静心真理行之者，渺不可得。此不独为道德之害，即万事可决其无效也。夫所谓万事者，即官吏军兵士农工商，凡百皆是。必万事各各有效，而后国势坚固不摇。此理最显，我愿世界人各各尊重其当行之事。我为清朝遗臣，故效忠于清，以表示有联锁②巩

① 原书竖排，自右至左读，故曰“左方”。

② 原文如此。本篇下文同。

固之情；亦犹民国之人，对于民国职事，各各有联锁巩固之情。此以国性救国势之说也。

梁先生自杀的宗旨，简单说一句，就是想用对清殉节的精神来提倡中国的纲常名教，救济社会的堕落。他这见解和方法，陶孟和先生已有评论；况且他老先生已死，我们也不必过于辨论[①]是非了。我现在要说的，就是在梁先生见解和方法以外的几种感想：

第一感想，就是梁先生自杀，总算是为救济社会而牺牲自己的生命，在旧历史上真是有数人物。新时代的人物，虽不必学他的自杀方法，也必须有他这样真诚纯洁的精神，才能够救济社会上种种黑暗堕落。

第二感想，就是梁先生主张一致，不像那班圆通派，心里相信纲常礼教，口里却赞成共和；身任民主国的职务，却开口一个纲常，闭口一个礼教，这种人比起梁先生来，在逻辑上犯了矛盾律，在道德上要发生人格问题。

第三感想，就是梁先生自杀，无论是殉清不是，总算以身殉了他的主义。比那把道德礼教纲纪伦常挂在口上的旧官僚，比那把共和民权自治护法写在脸上的新官僚，到底真伪不同。

第四感想，就算梁先生是单纯殉了清朝，我们虽然不赞成，然而他的几根老骨头，比那班满嘴道德、暮楚朝秦、冯道式的元老，要重得几千万倍。

第五感想，就是梁先生《敬告世人书》中预料一般人对他死后的评论，把鄙人放在大骂之列。不知道梁先生的眼中，主张革新的人是一种什么浅薄小儿，实在是遗憾千万！

一九一九，一，一五

---

① 今作“辩论”。

实行民治的基础：

“地方自治与同业联合两种小组织”

民治是什么？难道就是北京《民治日报》所说的民治？杜威博士分民治主义的原素[①]为四种：

（一）政治的民治主义，就是用宪法保障权限，用代议制表现民意之类。

（二）民权的民治主义，就是注重人民的权利：如言论自由、出版自由、信仰自由、居住自由之类。

（三）社会的民治主义，就是平等主义：如打破不平等的阶级，去了不平等的思想，求人格上的平等。

（四）生计的民治主义，就是打破不平等的生计，铲平贫富的阶级之类。

前二种是关于政治方面的民治主义，后二种是关于社会经济方面的民治主义。原来“民治主义”（Democracy），欧洲古代单是用做“自由民”（对奴隶而言）参与政治的意思，和“专制政治”（Autocracy）相反；后来人智日渐进步，民治主义的意思也就日渐扩张。不但拿他[②]来反对专制帝王，无论政治、社会、道德、经济、文学、思想，凡是反对专制的、特权的，遍人间一切生活，几乎没有一处不竖起民治主义的旗帜。所以杜威博士列举民治主义的原素，不限于政治一方面。

我们现在所盼望的实行民治，自然也不限于政治一方面。而且我个人

---

① 今作“元素”。

② “五四”以前“他”兼称男性、女性以及一切事物。[见《现代汉语词典》（第7版）] 本篇下文同。

的意思，觉得“社会生活向上”是我们的目的，政治、道德、经济的进步不过是达到这目的的各种工具。政治虽是重要的工具，总不算得是目的；我敢说若要改良政治，别忘了政治是一种工具，别拿工具当目的，才可以改良出来适合我们目的的工具；我敢说最进步的政治，必是把社会问题放在重要地位，别的都是闲文。因此我们所主张的民治，是照着杜威博士所举的四种原素，把政治和社会经济两方面的民治主义，当做达到我们目的——社会生活向上——的两大工具。

在这两种工具当中，又是应该置重社会经济方面的。我以为关于社会经济的设施，应当占政治的大部分；而且社会经济的问题不解决，政治上的大问题没有一件能解决的，社会经济简直是政治的基础。

杜威博士关于社会经济（即生计）的民治主义的解释，可算是各派社会主义的公同[①]主张，我想存心公正的人都不会反对。至于他关于政治的民治主义的解释，觉得还有点不彻底。我们既然是个“自由民”，不是奴隶，言论、出版、信仰、居住、集会这几种自由权，不用说都是生活必须[②]品；宪法我们也是要的，代议制也不能尽废；但是单靠“宪法保障权限”，“用代议制表现民意”，恐怕我们生活必须的几种自由权还是握在人家手里，不算归我们所有。我们政治的民治主义的解释，是由人民直接议定宪法，用宪法规定权限，用代表制照宪法的规定执行民意。换一句话说，就是打破治者与被治者的阶级，人民自身同时是治者又是被治者。老实说，就是消极的[③]不要被动的官治，积极的实行自动的人民自治。必须到了这个地步，才算得真正民治。

我们中国社会经济的民治，自然还没有人十分注意；就是政治的民治，中华民国的假招牌虽然挂了八年，却仍然卖的是中华帝国的药，中华官国的药，并且是中华匪国的药；“政治的民治主义”这七个好看的字，

---

① 今作“共同”。

② 今作“必需”。本篇下文同。

③ 当时用法，今作“地”。本篇下文同。

大家至今看了还不大顺眼。但是我决不因此灰心短气，因为有三个缘故：一是中国创造共和的岁月比起欧、美来还是太浅，陈年老病那[①]有著手成春的道理。二是中国社会史上的现象真算得与众不同：上面是极专制的政府，下面是极放任的人民；除了诉讼和纳税以外，政府和人民几乎不生关系。这种极放任、不和政府生关系的人民，自己却有种种类乎自治团体的联合：乡村有宗祠，有神社，有团练；都会有会馆，有各种善堂（育婴、养老、施诊、施药、积谷、救火之类），有义学，有各种工商业的公所。像这些各种联合，虽然和我们理想的民治隔得还远，却不能说中国人的民治制度没有历史上的基础。三是中国人工商业不进化和国家观念不发达，从坏的方面说起来，我们因此物质文明不进步，因此国民没有一致团结力；从好的方面说起来，我们却因此没有造成像欧洲那样的资产阶级和军国主义。而且自古以来，就有许行的“并耕”、孔子的“均无贫”种种高远理想；“限田”的讨论，是我们历史上很热闹的问题，“自食其力”是无人不知道的格言；因此可以证明我们的国民性里面，确实含着许多社会经济的民治主义的成分。我因为有这些理由，我相信政治的民治主义和社会经济的民治主义将来都可以在中国大大的发展，所以我不灰心短气，所以我不抱悲观。

现在政象不佳，没有实行民治主义的缘故，也有好几层：一是改建共和未久。二是我们从前把建设共和看得太容易，革命以前宣传民治主义的工夫太做少了。三是共和军全由军人主动，一般国民自居在第三者地位。四是拥护共和的进步、国民两党人都不懂得民治主义的真相，都以为政府万能，把全副精神用在宪法问题、国会问题、内阁问题、省制问题、全国的水利交通问题，至于民治的基础——人民的自治与联合——反无人来过问。五是少数提倡地方自治的人虽不迷信中央政府，却仍旧迷信大规模的省自治和县自治，其实这种自治，只算是地方政府对于中央政府的分治，

① 旧同“哪”。本篇下文同。

是划分行政区域和地方长官权限的问题，仍旧是官治，和民治的真正基础——人民直接的实际的自治与联合——截然是两件事。我们现在要实行民治主义，首先要注重民治的坚实基础，必须把上面说的二、三、四、五这几层毛病通同[①]除去，多干实事，少出风头，把大伟人、大政治家、大政客、大运动家、大爱国者的架子收将起来，低下头在那小规模的极不威风的坚实的民治基础——人民直接的实际的自治与联合——上做工夫；不然，无论北洋军人执政也罢，西南军人执政也罢，交通系得势也罢，北方的安福部得势也罢，南方的安福部（就是政学会）得势也罢，进步党的内阁也罢，国民党的内阁也罢，旧官僚的内阁也罢，我可以断定中国的民治仍旧是北京《民治日报》的民治，不是杜威博士所讲"美国之民治的发展"的民治。

我不是说不要宪法，不要国会，不要好内阁，不要好省制，不要改良全国的水利和交通；也不是反对省自治、县自治；我以为这些事业，必须建筑在民治的基础上面才会充分发展；大规模的民治制度，必须建筑在小组织的民治的基础上面才会实现；基础不坚固的建筑，像那沙上层楼，自然容易崩坏；没有坚固基础的民治，即或表面上装饰得如何堂皇，实质上毕竟是官治，是假民治，真正的民治决不会实现，各种事业也不会充分发展。

社会经济的民治主义，那一国都还没有实行；政治的民治主义，英、美两国比较其余的国家，总算是发达的了。他们所以发达的由来，乃是经许多岁月，由许多小组织的地方自治团体和各种同业联合合拢起来，才能够发挥今天这样大规模的民治主义；好像一个生物体，不是一把散沙，也不是一块整物，乃无数细胞组织、器官组织合拢起来，才能够成就全体的作用。他们的民治主义不是由中央政府颁布一部宪法、几条法令，就会马上涌现出来的，乃是他们全体人民一小部分一小部分自己创造出来的。所

① 今作"通通"。

以杜威博士在他《美国之民治的发展》讲演中说道：“美国是一个联邦的国家，当初移民的时候，每到一处便造成一个小村，由许多小村合成一邑，由许多邑合成一州，再由许多州合成一国。小小的一个乡村，一切事都是自治。”又说道：“美国的联邦是由那些有独立自治能力的小村合并起来的，历史上的进化是由一村一村联合起来的。美国的百姓是为找自由而来的，所以他们当初只要自治不要国家，后来因有国家的需要，所以才组成联邦。”

我们现在要实行民治主义，是应当拿英、美做榜样，是要注意政治、经济两方面，是应当在民治的坚实基础上做工夫，是应当由人民自己一小部分一小部分创造这基础。这基础是什么？就是人民直接的实际的自治与联合。这种联合自治的精神，就是要人人直接的，不是用代表间接的；是要实际去做公共生活需要的事务，不是挂起招牌就算完事。这种联合自治的形式，就是地方自治和同业联合两种组织。

现在有许多人的心理，以为时局如此纷乱，政府那里顾得到地方自治的问题；而且地方自治的法案，还未经正式国会详细规定出来，我们怎样着手？至于同业联合的组织法，政府国会都还未曾想到，更是无从组织。我想这种见解是大错而特错，是有两个根本上的错误：第一个错误，是以为地方自治和同业联合都要政府提倡才能够实现。我以为这种从上面提倡的自治联合，就是能够实现，也只是被动的官式的假民治，我们不要；我们所要的，是从底下创造发达起来的，人民自动的真民治。第二个错误，是以为法律能够产生事实，事实不能够产生法律。我的见解恰恰和他正相反对，我以为法律产生事实的力量小，事实产生法律的力量大，社会上先有一种已成的事实，政府承认他的“当然”就是法律，学者说明他的“所以然”就是学说。一切法律和学说，大概都从已成的事实产生出来的。譬如英、美两国的自治制度，都是先由他们的人民创造出来这种事实，后来才由政府编成法典、学者演成学说，并不是先由政府颁布法典、学者创出学说，他们人民才去照办的。所以我觉得时局纷乱不纷乱，政府提倡不提倡，国会有没有议决法案，都和我们人民组织地方自治、同业联合不生关系。

我所说的同业联合，和那由店东组织的各业公所及欧洲古时同业协会（Guild）不同，和欧洲此时由工人组织的职工联合（旧译工联"Trade Union"）及其他各种劳动组合也不同；因为此时中国工商界，像那上海、天津、汉口几个大工厂和各处铁路、矿山的督办、总办，都是阔老官，当然不能和职工们平起平坐；其余一般商界的店东、店员，工界的老板、伙计，地位都相差不远，纯粹资本作用和劳力没有发生显然的冲突以前，凡是亲身从事业务的，都可以同在一个联合。

关于地方自治和同业联合的种种学说、制度非常之多，至于详细的办法，一时更说不尽。我现在单只就中国社会状态的需要而且可以实行的，举出几条原则，免得失了直接的、实际的精神，就会发生笼统、涣散、空洞、利用、盘据[①]、腐败种种不可救药的老毛病：

最小范围的组织

乡间的地方自治，从一村一镇著手[②]，不可急急去办那一乡的自治；城市的地方自治，要按着街道马路或是警察的分区，分做许多小自治区域，先从这小区域着手，不可急急去办那城自治、市自治。同业联合是要拿一个地方的一种职业做范围，譬如一个码头的水手、船户、搬运夫，一个矿山的矿夫，一条铁路的职工，一个城市的学校教职员、新闻记者、律师、医生、木匠、瓦匠、车夫、轿夫、铁工、纺织工、漆工、裁缝、剃头匠、排印工人、邮差、脚夫等，各办各的同业联合；商业的店东管事和店员，在小城市里便归在一个联合，在大城市里，譬如上海地方，就按行业

① 原文如此。今作"盘踞"。本篇中"盘据""盘踞"并用，为保持原文风貌，均从原书。

② 本篇"着手"用法不统一，或作"著手"，或作"着手"。为保持原文风貌，均从原书。

或马路分办各的同业联合，万万不可急于组织那笼统空洞的什么“工会”，广大无边的什么“上海商界联合会”，什么“全国工人联合会”。凡是笼统空洞没有小组织做基础的大组织，等于没有组织；这种没有组织的大组织，消极方面的恶结果，就是造成多数人冷淡、涣散、放弃责任；积极方面的恶结果，就是造成少数人利用、把持、腐败。

人人都有直接议决权

这种小组织的地方团体和同业团体，人数都必然不多，团体内的成年男女都可以到会直接议决事务，无须采用代表制度。若是一团体的事务，各个分子都有直接参与的权利，他所生的效果：在消极方面，可以免得少数人利用、把持、腐败；在积极方面，可以养成多数人的组织能力，可以引起大家向公共的利害上着想，向公共的事业上尽力，可以免得大家冷淡旁观、团体涣散。中国现在的地方自治办不好，就是因为大家让少数的绅董盘踞在那里作恶；同业联合没有好效果，就是因为现在各业公所的组织，只是店东管事独霸的机关，与多数的职工店员无涉。我所以主张小组织，就是因为小组织的人少，便于全体直接参与，一扫从前绅董、店东、工头、少数人把持的积弊，又可以磨练多数人办事的能力。若有人疑心多数的教育程度不够，还是用代表制度的好，我便拿杜威博士《美国之民治的发展》讲演上的话来回答：“民治主义何以好呢？因为他自身就是一种教育，就是教育的利器；叫人要知道政治的事不是大人先生的事，就是小百姓也都可以过问的。人民不问政事，便把政治的才能糟塌[①]完了，再也不会发展了。民治政治叫人去投票，叫人知道对于政治有很大的责任，然后自然能养成一种政治人才。美国的浩雷斯曼说：‘我们的主张不是说人生下来就配干预政治，不过总要叫他配干预才是。’这就是民治主义的教育。从前美国的选举也有财产、教育、男女的限制，现在才把这些限制去

① 今作“糟蹋”。

了；去了限制之后，从没听人说过那个人不会选举，可见得政治的才能是学得的，不是生来的。”若有人疑心女子不便加入，我以为男女应该有同等权利的理论，姑且不提；单就事实上说，女子加入的坏处，我一时想不出，我却想出许多女子加入的好处，女子的和平、稳静、精细、有秩序、顾名誉、富于同情心等可以使团体凝结的性质，都比男子好。他们第一美点，就是不利用团体去夤缘官做。

执行董事不宜专权久任

执行团体议决事务的董事，由团体全员投票选举；选举权和被选举权，都不应当有教育、财产、男女、地位的限制。董事的人数宜多，任期宜短，不能连任；每半年改选三分之一，满期退任的次第，抽签预定。无论大会或是董事会，都只设临时主席，取合议制，不设会长总董。这都是防备少数人盘踞必不可缺的制度。

注重团体自身生活的实际需要

地方自治应该注重的是：教育（小学校及阅书报社）、选举（国会、省县议会及城乡自治会）、道路、公共卫生；乡村的地方，加上积谷、水利、害虫三件事。同业联合应该注重的是：教育（补习夜学、阅书报社、通俗讲演）、储蓄、公共卫生、相互救济（疾病、老、死、失业等事）、消费公社、职业介绍、公共娱乐、劳工待遇等事。上海工业界现在有许多同业的联合会发生，我们十分欢迎；但是我们也有十分担心的两个疑问：（一）是否仅仅为了外交的感触，还是另有团体本身生活上实际需要的觉悟？（二）是否店东管事们在那里包办？上海各马路的商界联合会，颇和我主张的小组织相同，但我们不能满意的地方：（一）到会的会员都只有各店代表一百多人，不但不是全体，并没有过半数。（二）这些代表恐怕多半是店东管事，没有店员的分[①]。（三）本身的组织和实际生活需要的问题都没有谈起，请了许多事外的人来演说，发些救国裕商的空套议论，这是做什么！我盼望社会上理想高明的人，不要以为我所注重的实际生活需要讨价过低，说我主张不彻底；我相信照中国现社会的状况，只有这种小组织，注重这种实际生活的需要，乃是民治主义坚实的基础，乃是政治经济彻底改造必经的门路。我盼望官场中神经过敏的人，不要提起地方自治，马上就联想到破坏统一；不要提起同业联合，马上就联想到社会革命。我主张的这种小组织，实在平易可行，实在是共和国家政治、经济的实际需要，实在说不上什么破坏统一、什么社会革命；这种小组织的地方自治固然和你们政权无涉，于你们官兴多碍，就是这种小组织的同业联合，所注重的实际需要也都是在现社会、现经济制度之下的行动，并非什么过激的办法；不但比不上法国的工团主义（Syndicalism）那样彻底，就是比英国的工联（Trade Union）还要和平简陋得多。

断绝军人、官僚、政客的关系

军人，官僚，政客，是中国的三害，无论北洋军人，老官僚，新官僚，旧交通系，新交通系，安福系，己未系，政学会，可以总批他[②]“明抢暗夺，误国殃民”八个大字；一定要说那个好那个歹，都是一偏之见，缺少阅历。自从“五四运动”以来，我们中国一线光明的希望，就是许多明白有良心的人，想冲出这三害的重围，另造一种新世界；这新世界的指南针，就是唤醒老百姓，都提起脚来同走“实行民治”这一条道路。这条道路的基础上最后要留意的，就是别让三害鬼混进来，伸出他背上的那只肮脏黑手，把我们的一线光明遮住了。蝇营狗苟的新官僚（就是政客先生）惯会看风头，乘机窃取起来，更是眼明腿快，我们要格外严防，别让

① 今作“份”。

② 原文如此。今用法为“它们”。

他利用我们洁白的劳动工人和青年学生，来办什么政党什么劳动党，做他当总长的敲门砖；最好是各种小组织的事务所，都贴上“小心扒手”，好叫大众留神。我所以主张小组织，固然重在民治要有坚实的基础，也是故意摆出矮户低檐的景象，好叫这班阔人恐怕碰坏了纱帽翅，不来光顾才好。

这篇文章刚做好寄到上海付印，就看见张东荪先生新做的《头目制度与包办制度的打破》那篇文章（见《解放与改造》的一卷五号），说得很透彻，可以补我这篇文章的遗漏，读者务必要参看。我所主张的小组织好叫人人有直接参与权，似乎是打破一切寡头制度（头目包办制度自然包含在内）的根本方法；这种思想倘然能够成为事实、成为习惯，不但现在经济方面的恶制度可以扫除，就是将来较大的政治方面、经济方面的大组织，自然也不会有寡头专制的事发生，真民治主义才会实现。我所主张的同业联合，也含着有“两元的社会组织”的性质。但是我心中所想的未必和《联合会日刊》所说的尽同，而且我不愿意采用“两元”的名词；因为本来我们所痛苦的是现代社会制度的分裂生活，我们所渴望的是将来社会制度的结合生活，我们不情愿阶级争斗发生，我们渴望纯粹资本作用——离开劳力的资本作用——渐渐消灭，不至于造成阶级争斗；怎奈我们现在所处的不结合而分裂的——劳资、国界、男女等——社会，不慈善而争斗的人心天天正在那里恶作剧（现在美国劳资两元组织的产业会议就是一个例）。我心中所想说的话不愿说出，恐怕有人误作调和政策，为一方面所利用，失了我的本意。此话说来太长，而且不是本篇的论旨，改日再谈罢①。

一九一九，十一月二日夜

① 旧同“吧”。

自杀论

——思想变动与青年自杀

一九一九年十一月十七日上午，北京大学学生林德扬君在三贝子花园投水自杀了。他自杀底[①]原因，大概是厌世。

林君底同学罗志希君做了一篇文章，叫做《是青年自杀还是社会杀青年?》，说林君不是因病想免除痛苦而死，乃是万恶社会迫他自杀的；他并说出三个救济底方法：（一）美术的生活，（二）男女朋友交际的生活，（三）新的人生观。

北大教授蒋梦麟先生也做了一篇文章，他不把青年自杀的罪恶都加在社会身上，他说："社会本来不能自己改良，要我们个人去改良他[②]。"他主张"奋斗到极点还要奋斗"，"用大刀阔斧斩一条路，为后人造幸福"，"从地狱里造天堂"。他以为"自杀是自示其弱"，"自杀是一个大罪恶"。他以为自杀算是杀了社会上一个人，而且是杀了社会上一个有用的好人。

北京《晨报》上登了一首《读〈自杀论〉有感》的诗：

凡物皆有死。死了仍再生。死死生生何劳苦！不若永死了不复生。

我昔曾绝望。自杀，岂粗鲁？当我自杀时，万象皆空，情志自由，乐难数。

神魂即与体魄离，茫然如睡，无知无识，更何忤？

---

① 旧同"的"。本篇下文同。

② "五四"以前"他"兼称男性、女性和一切事物。［见《现代汉语词典》（第7版）］本篇下文同。

谁谓自杀是懦夫？懦夫岂能自杀，甘为虏？

利己利他两不亏。何罪，求死不自主？

今且追恨援救我的人，把我解了；死乃生之祖。

茫茫宇宙何时停？我怎能够永久死了不复生？我怎能够永久死了不复生？

有一个外国人，听见蒋梦麟先生谈学潮后青年底三种心理：（一）事事要问做什么，就是对于事事怀疑，（二）思想自由，（三）改变人生观，他便说：好危险！将来恐怕有许多青年要自杀。

我的朋友李守常先生也要做一篇论青年自杀的文章，他这篇文章虽然还没有做出来，他的意思大概是：能自杀的人固然比偷生苟活的人好，但是再转一个念头，能用自杀的精神去改造世界，比消极的自杀更好。

杜威夫人说："我不自杀。若是我自杀，必须先用手枪打死两个该死的人。"

以上都是对于林君自杀底各种感想。我以为林君自杀，是青年自杀中底一件，青年自杀，是全般自杀中底一件，要评论林君自杀底问题，不得不从全般自杀问题说起。

自杀是一种重大的社会现象，在社会学上是一个重大的问题；因为自杀若成了一种普遍的信仰，社会便自然破灭，那[①]里还有别的现象、别的问题发生呢？这样重大的问题，不是简单的感想可以解答的。我现在从各种方面分别讨论如左[②]：

、自杀底趋势

二、自杀底时期

三、自杀底原因

① 旧同"哪"。本篇下文同。

② 原书竖排，自右至左读，故曰"左"。本篇下文同。

四、自杀底批评

五、自杀底救济

一、[1] 自杀底趋势　据社会学者说，自杀底人数，有随着文明程度（我以为是思想发达和经济压迫底程度）加增底趋势，因此各国自杀底人数多寡不同。从一八八七年到一八九一年五年间平均计算，欧洲各国底人口一百万里，自杀底人数如左表：

丹麦	二五三
法兰西	二一八
瑞士	二一六
普鲁士	一九七
奥地利	一五九
比利时	一二二
瑞典	一一九
巴威利亚	一一八
英格兰	八〇
那威	六六
荷兰	五八
苏格兰	五六
意大利	五二
爱尔兰	二四

有一位意大利底社会学者也说，自杀底事多发生在智识阶级，曾统计意大利和法兰西百万人中，自杀的人职业如左：

---

① 原文为“（一）”。为使本篇层级关系更清晰，依现今文章标题层次关系要求对下文的标题层级做了修改。

意大利		法兰西	
科学家、文学家	六一四	自由职业	五一〇
军人	四〇四	工业家	一五九
教育家	三五五	原料制造者	一一一
行政官	三二四	商人、运送业	九八
商人	二七七	仆婢	八三
司法官	二一八		
医生	二〇一		
工业家	八〇		
原料制造者	二五		

二、自杀底时期　欧洲自杀底时期，每年从一月起，渐渐增加；自七月起，渐渐减少。日本人底自杀期，每年七八月间最盛。

三、自杀底原因　据统计学者底话：自杀事件，文明人比蛮族多，教育程度高的比程度低的人多，青年、老年比少年人多，妇女比男子多，未婚的人比已婚的多，都会比乡村多，穷人比富人多。照统计学上自杀底人数看起来，可以发见自杀底三个原因：

（一）智识信仰发达——文明人；有教育的人；青年、老年人

（二）情绪压迫——妇女；未婚的人

（三）经济压迫——都会里的人；穷人

这三个自杀底原因，详细地追本求原①，社会压迫自然是这三个原因底总原因，但分别说起来，前两个是偏于主观的，后一个是偏于客观的。偏于主观的自杀，虽然受了社会压迫或暗示的影响，而自杀者的意志在主观上多少总与压迫的或暗示的意志相结合；偏于客观的自杀，大部分是因社会的压迫。

再就自杀事件底各种直接的原因，除精神病之外，可以类别如左：

<table>
<tr><td>（1）厌世及解脱</td><td rowspan="5">第一类，关于知识信仰</td></tr>
<tr><td>（2）烈女殉夫</td></tr>
<tr><td>（3）忠臣殉君及奴仆殉主人</td></tr>
<tr><td>（4）义士殉国家及朋友</td></tr>
<tr><td>（5）教徒殉教及志士殉主义</td></tr>
<tr><td>（6）失恋</td><td rowspan="9">第二类，关于情绪压迫</td></tr>
<tr><td>（7）羞惭</td></tr>
<tr><td>（8）忏悔</td></tr>
<tr><td>（9）名誉被污</td></tr>
<tr><td>（10）考试落第</td></tr>
<tr><td>（11）刑罚底痛苦</td></tr>
<tr><td>（12）虐待底痛若</td></tr>
<tr><td>（13）疾病底痛苦</td></tr>
<tr><td>（14）愤恨</td></tr>
<tr><td>（15）饥寒所迫</td><td rowspan="2">第三类，关于经济压迫</td></tr>
<tr><td>（16）债务所迫</td></tr>
</table>

第一类底男子殉忠、女子殉节，都是中国、日本重要的道德、最大的

① 原文如此。依文义，今作“追本求源”。

荣誉，印度还有寡妇自焚的事：像这类的自杀，完全是被社会上道德习惯压迫久了，成了一种盲目的信仰；因为社会上不但设立许多陷阱似的制度，像昭忠祠、烈士墓、旌表节烈、节孝牌坊等奖励品，引诱一班男女自杀；而且拿天经地义的忠孝大义，做他们甘心自杀底暗示。这种压迫和暗示受久了，便变成一种良知，觉得殉忠殉节真是最高的道德，不如此便问心不过。殉教、殉主义、厌世、求解脱，这几种自杀，一方面固然是因为客观上社会直接的压迫，一方面也因为主观上受了一种新信仰新思潮的暗示，暗示也算一种间接的压迫。Wundt 把暗示（Suggestion）叫做“醒的催眠”（Wach-hypnose），因为他也有催眠作用，受了暗示的人，便入了“意识逼窄”（Narrowing of consciousness）的状态，暗示底力量压迫着他的思路向一定的方向进行，他自己的意志完全失去效力（略用 Christensen 底意思，见 *Politic and crowd - morality* p. 12）。Christensen 分暗示为二大类：一是别人的暗示（Foreign suggestion），一是自己的暗示（Auto-suggestion）；别人的暗示又分两种：一种是人身的暗示（Personality suggestion），一种是社会的暗示（Social suggestion）。人当恐怖、猜疑、冥想、迷信底时候，多起自己暗示的作用，中国人怕鬼，就是这种作用；人身的暗示，最有力量的是两亲、业师、宗教家、医生、演说家、音乐家、演剧家、大思想家、社会改革运动者、大文豪、爱国者，不但同地同时，就是在远方古代，他们也都有暗示底力量；社会的暗示就是历史、传说、习惯、舆论、道德、时代精神、社会风尚、思想潮流：这几样暗示底力量强大而且久远。个人底行为或者不能说全没有意志自由底时候，但是造成他的意志以前，他的意志自由去选择信仰行为以后，都完全受环境暗示底支配，决没有自由底余地。自杀也是一种行为，所以不能说不是受环境底压迫和暗示。压迫和暗示紧紧地逼窄了他的意识，意识失了觉性，意志失了效力，好像鬼迷了一般，压迫在后面追赶，暗示在前面指引，所以不知不觉地只看见自杀是唯一的道路，不容他看见第二条道路。而且暗示占领了他的知识界域，成了信仰，也不愿意走别的道路；所以平常人看做极悲惨、可恐怖的事，自杀的人看做平常，绝不回顾。这一类自杀的人所以多是文明有教育的青年，因为知识信仰发达的结果，比蛮族、无教育的人，少年容易接受这种暗示。

第二类底（6）（7）（8）（9）四种自杀，都是因为情绪上受了道德习惯和舆论的压迫；（10）（11）（12）（13）（14）五种自杀，都是因为情绪上受了社会制度的压迫。人是社交的动物，一旦受了压迫，社会上无立足之地，断绝社交又是人生最大的痛苦，像这种人自然毫无生趣；但是他们倘不受厌世的思想、解脱主义的暗示，恐怕还没有自杀底决心。因为自杀多兼两种原因：一是社会的压迫，一是思想的暗示；蛮族、无教育的人、少年，比较自杀的少[①]，都是思想不发达，缺少第二种原因；倘若二种原因俱全，无论怎样勇于奋斗的人，一方面为社会底道德制度所驱逐，一方面为厌世思想所引诱，还有不自杀的道理吗？妇女的情绪易于感动，未婚的人情绪容易失调，所以自杀底人数比男子、比已婚的人多。

第三类的自杀，纯粹是因为经济的压迫，受思想暗示底影响狠[②]小。都会里的人生活更艰难，所以自杀的比乡村多。物质文明越发达，富人兼并的力量越大，穷人所受经济压迫的痛苦越深，所以文明人自杀的比蛮族多。这是社会组织、经济制度不良底结果，不能说是文明本身底弊害。至于学说、思想随着别的文明发达，而且传播加快，厌世主义的暗示也随着效力加大，所以各国自杀底人数，有随着文明程度加增底趋势，这只可以说是厌世主义的弊害，不能归罪文明本身。这种受了思想暗示的自杀，应该归到第一类，和第三类的自杀关系很浅。因为受经济压迫而自杀的人，大半教育知识底程度很低，未必有学说、思想上的信仰；所以有许多困苦不堪老年残废的乞丐还要贪生怕死，有为的青年却往往自杀，就是这个缘故了。少年人自杀的少，也因为他感觉痛苦和暗示的力量薄弱。有几种蛮

① 当时用法，今表达为“自杀的比较少”。

② 旧同“很”。

族不但他们自己不自杀，并不相信人类真有自杀底事，正因为他们一方面思想不发达，一方面经济的压迫也不甚利害。

以上三类十六种自杀底原因，综合起来，不外两大总原因：

（一）社会的压迫（精神的、物质的两方面）

（二）思想的暗示（个人的、社会的两方面）

四、自杀底批评　古来对于自杀底批评，有反对、非反对两派：

（甲）反对派

（一）佛教反对一切杀，自杀也包含在内，而且他们相信轮回，杀这世的肉身无济于事。

（二）基督教极端反对自杀，以为犯了自杀罪的人不能够到天堂。罗马圣奥古斯丁（St. Augustine）主张就是受污的女子也不应该自杀。

（三）意大利神学者阿夫纳斯（Thomas Aquinas）说自杀有三样罪：一是违背了好生恶死的自然性，二是减少了社会底分子，三是侵犯了上帝底生杀权。

（四）费希特（Fichte）说为人生存时有义务，自杀是想免除义务，所以不道德。

（五）叔本华（Schopenhauer）说自杀不是应该非难的行为，乃是糊涂的行为，因为自杀只能够灭绝肉体，不能够灭绝本体（即意志）。他又以为自杀底真正目的，在求得精神底平安，否定意志是达此目的底唯一方法。否定意志是什么？就是无我主义。

（乙）非反对派

（一）希腊禁欲派（The Stoics）说自杀可以解脱一切痛苦。

（二）英国哲学家休谟说：“人类处置自己的生命，若算是侵犯上帝底权利，那么人要延长上帝用自然法限定的生命，岂非也不应该吗？”又说：“我若是没有力量为社会造福，或是为社会底累赘，或是因为我的生命妨碍别人为社会尽力，那么我若是自杀了，不但无罪，而且有功。”

（三）法国孟德斯鸠（Montesquieu）反对国家设立没收自杀者的财产和处罚自杀未成的等法律。

（四）福禄特尔（Voltaire）说：“若说自杀有害于社会，那么屠杀生命的战争，何以各国底法律都认可？”

我们对于这些评论，可以看出两种趋势：一是古代宗教家大半反对自杀，一是后来自由思想的哲学家大半不反对自杀。希腊古代的风气，本和自由思想的近代相仿佛，所以有 Stoic 一派的主张，完全与基督教相反。自由思想的希腊人，事事与基督教相反，不止自杀一端。

五、自杀底救济　讨论自杀底救济，第一个先决问题，就是究竟有没有救济底必要？

我们为什么要救济自杀？因为自杀若成了一种普遍的信仰，社会便自然破灭。各国政府所深恶痛绝的是共产主义和无政府主义，说他们是破灭社会的危险思想；到[①]是真有两个可以破灭社会的危险思想，他们却不曾看见。这两个思想是什么呢？一个是独身主义（我以为不婚主义和独身主义是两样），一个就是自杀。

更进一步讨论，我们为什么要维持这社会不让他破灭呢？这种疑问是很难解答的疑问，是哲学上的疑问；厌世自杀的人，正是这种疑问达到他心境最深的处所，感得人生没有什么价值，所以才发生一种彻底的觉悟，最后的决心；这种自杀是最高等的自杀，是哲学的自杀，是各种自杀底源泉、模范，各种自杀多少都受了他暗示底影响。这种对于人生根本上怀疑的自杀，决非单是改良社会制度、减轻压迫所可救济；他心境深处底疑问倘没有圆满的解答，对他说什么生活好，什么生活不好，什么社会制度好，什么社会制度不好；对他说自杀道德不道德，犯罪不犯罪，于社会有害无害；对他说什么死得值不值，什么徒死不能收改良社会的效果，什么

① 今作“倒”。

为人类造幸福应该奋斗到底，什么自杀是女性，是示弱，是懦夫：像这一类的话，都是隔靴搔痒，在他的眼里都没有一看的价值。只有能解答他心坎里面深处所藏人生哲学的疑问，才能够改变他的人生观，才能够做他不去自杀的暗示。

我以为这种疑问，是两种心理造成的：一是苟且心，一是偏见。苟且心出于宗教上“空观”底暗示，以为人生百年，终久是死，死后底社会更和我没有关系，为什么要维持他不让他破灭呢？偏见出于哲学上的“性恶”底暗示，以为人类生来性恶，救济、希望终久是绝对的不可能，像这种黑暗万恶的社会，为什么要维持他不让他破灭呢？

这两种心理都可以造成厌世自杀，懦弱的人就是不自杀，也要变成顺世堕落一派；顺世堕落原来就是厌世自杀的变相，都是极危险的人生观。这两种人生观，对于人生底价值都是根本地怀疑：一切皆空，人生底意义是什么，价值在那里？黑暗万恶，人生底价值又在那里？人生既然无意义、无价值，活着徒受痛苦，不自杀便是无意识的苟活。

人生果然完全是空？人性果然完全是黑暗？人生果然无意义、无价值？

相信“空观”的人，未必都相信灵魂转生（果然灵魂转生，不但现世界空而不空，并且死后底社会还和我关系不断）。就是我也不相信灵魂转生，但是“种性不灭”“物质不灭”，我们是相信的；一切现象是转变不是断灭，一切空间时间都无实在性，都是这永续无间的转变现象上便于说明的一种假定，我们也可以相信的。我们个体的生命，乃是无空间时间区别的全体生命大流中底一滴；自性和非自性，我相和非我相，在这永续转变不断的大流中，本来是合成一片，永远同时存在，只有转变，未尝生死，永不断灭。如其说人生是空是幻，不如说分别人我是空是幻；如其说一切皆空，不如说一切皆有；如其说“无我”，不如说“自我扩大”。物质的自我扩大是子孙、民族、人类，精神的自我扩大是历史。各种历史都是全体生命大流底记录，我与非我一切有生命底现象、痕迹，都包含在这些记录里面。我们个体生命和全体生命底现象、痕迹，无论是善或恶，是光明或黑暗，总算是“有”不是“空”。

复次讨论人性问题，“性恶说”本是一种偏见，人性本有善、恶两方面，如左表：

善的方面：	恶的方面：
创造的冲动	占有的冲动
利他心	利己心
互助的本能	掠夺的本能
同情心（即恻隐心）	残忍心
爱慕心	嫉妒心
哀哭的本能	嗔忿[①]的本能

在生物进化上看起来，人类也是一种动物，他本性上恶的方面也和别的动物一样；不过恶的方面越减少，善的方面越发达，他的品格越进化到高等地位，并不是一成不变的。人虽是最高等动物，“下等动物的祖先”所遗传的恶性固然存在，他们所遗传的善性也未尝不存在；况且现在正在进化途中，恶性有减少底可能，善性有发展底倾向，何以见得绝对没有救济底希望呢？受厌世主义暗示的人，只看见人性上恶的方面，没有留心那善的方面，岂不是偏见吗？

“空观”是世俗囿于现世主义底一种反动，“性恶底悲观”是过于把人类看得高明底一种反动。反动不合真理底本来面目。我们现在要了解人生不完全是空，而且要了解这不空的人生不完全是恶，我们要了解人生有相当的意义与价值。了解得人生底意义与价值是什么，他心境最深处所怀的疑问便自然有了解答，自然会抛弃那危险的人生观。

① 旧同“愤”。

危险的人生观，厌世的自杀，乃是各种自杀底母亲，这种自杀底救济，也就是各种自杀底根本救济。因为自杀底原因虽各不相同，多少都受点厌世思想的暗示，这种暗示可以算是各种自杀底共性。解除了暗示，抛弃了危险的人生观，对于人生根本的怀疑有了解释，方才可以和他说什么改良生活状况、反抗社会压迫、由个人改造社会、奋斗到底一类的话。这种自杀有了救济，其余自杀底救济才有路可寻。

厌世观以外，其余的自杀：像上文所列的（2）（3）（4）（7）（8）（9）六种，都是为了社会道德习惯上积极的压迫；（5）（6）两种都是为了宗风名教学说道德上消极的压迫；（10）是因为社会制度上积极的压迫，（11）（12）都是因为社会制度上消极的压迫；（13）（14）都是因为社会制度上积极的或消极的压迫。

社会成了固定性底时候，他的道德的组织和制度的组织往往发挥一种极有势力的集合力，压迫、驱逐那和他组织不同的分子；那被他积极的①（就是奖励）或消极的（就是禁止）压迫而没有集合力和他反抗的分子，往往出于自杀。这种被压迫驱逐而自杀的分子倘然多了，决不是全社会中底好现象。救济底方法分两方面：一方面是压迫的社会要觉察自己的组织底缺点，要有度量容纳和自己组织不同的新生分子，要晓得这种分子将来也会有集合力，也会有一种新组织，取自己的地位而代之；一方面是被压迫的分子倘然发见了社会底罪恶，不要消极的自杀，要有单人匹马奋勇直前的精神，要积极的造成新集合力和压迫的社会反抗。反抗是好现象不是坏现象，反抗与结合是相反相成的作用，是社会进化所必经的现象；社会上倘永远没有反抗的现象，便永远没有进步。

经济压迫的自杀，自然也是社会制度不良的结果。世界上对于这种自杀底积极的救济，正闹得天翻地覆，现在不用多说了。我相信社会经济制度果然能够改变，生产机关、工具和生产物都归到生产者自己手里，不被

---

① 当时用法，今作“地”。本篇下文同。

一班好吃懒做的人抢去，那时便真能达到孔子“均无贫”的理想。因为贫富是比较的现象，缺乏乃是对于不缺乏相形见绌的情况，分配果然平均，那里会有贫的现象？生产物果然按劳力分配平均，无论生活如何困难，那里会有心怀不平愤而自杀的人呢？

据以上讨论，自杀底救济仍用因果法则，照着自杀底总原因分为两事：

（一）解除思想的暗示（改造人生观）

（二）解除社会的压迫（改造道德的制度的组织）

现代青年的自杀，大多数是（1）（6）两种原因；林君自杀自然是厌世不是失恋。这班现代的青年心中充满了理想，这些理想无一样不和现社会底道德、信条、制度、习惯冲突，无一样不受社会的压迫；他们的知识又足以介绍他们和思想潮流中底危险的人生观结识；若是客观上受社会的压迫，他们还可以仗着信仰鼓起勇气和社会奋斗；不幸生在思潮剧变的时代，以前的一切信仰都失了威权，主观上自然会受悲观怀疑思想的暗示，心境深处起了人生价值上的根本疑问，转眼一看，四方八面都本来空虚、黑暗，本来没有奋斗、救济的价值，所以才自杀。像这种自杀，固然是有意义、有价值的自杀；但是我们要注意的，这不算是社会杀了他，算是思想杀了他呵！忠节大义的思想固然能够杀人，空观、悲观、怀疑的思想也能够杀人呵！主张新思潮运动的人要注意呵！要把新思潮洗刷社会底黑暗，别把新思潮杀光明的个人加增黑暗呵！

近代思潮中有这种黑暗的杀人的部分吗？有的，有的，但是最近代最新的思潮不是这样。思潮底趋势如左表：

古代思潮：	近代思潮：	最近代思潮：	
理想主义	唯实主义	新理想主义	新唯实主义

纯理性的	本能的	情感的
超自然的	自然的	以自然为基础的
天上的	地上的	人生的
神的	物的	人的
全善的	全恶的	恶中有善的
全美的	全丑的	丑中有美的
未来的	现世的	现世的未来
人性超越万物	人性与兽性同恶	人性比兽性进化
理想万能	科学万能	科学的理想万能
玄想	现实	现实扩大
无我	唯我	自我扩大
主观的想像	客观的实验	主观的经验
个人的非国家的	国家的	社会的非国家的

古代的思潮过去了，现在不去论他。所谓近代思潮是古代思潮底反动，是欧洲文艺复兴底时候发生的，十九世纪后半期算是他的全盛时代，现在也还势力很大，在我们中国底思想界自然还算是新思潮。这种新思潮，从他扫荡古代思潮底虚伪、空洞、迷妄的功用上看起来，自然不可轻视了他；但是要晓得他的缺点，会造成青年对于世界、人生发动无价值、无兴趣的感想。这种感想自然会造成空虚、黑暗、怀疑、悲观、厌世、极危险的人生观。这种人生观也能够杀人呵！他的反动，他的救济，就是最近代的思潮，也就是最新的思潮；古代思潮教我们许多不可靠的希望，近代思潮教我们绝望，最近代思潮教我们几件可靠的希望；最近代思潮虽然是近代思潮底反动，表面上颇有复古的倾向，但他的精神、内容都和古代思潮截然不同，我们不要误会了（参看《新青年》六卷六号中《文艺的进化》）。

最近代最新的思潮底代表，就是英国罗素（Bertrand Russell）底新唯实主义的哲学，和法国罗兰（Romain Rolland）底新理想主义的文学，和罗丹（Rodin）底新艺术。这也是我们应该知道的（参看《新青年》六卷六号中《精神独立宣言》）。

这思想变动的时代自然是很可乐观的时代，也是很危险的时代，很可恐怖的时代，杜威博士和蒋梦麟先生所虑的，想必也就是这个意思。但是主张新思潮运动的人却不可因此气馁，这是思想变动底必经的阶级；况且最近代的最新的思潮并不危险，并无恐怖性，岂可因噎废食？

一九二〇，一，一

基督教与中国人

(一)

凡是社会上有许多人相信的事体，必有他[①]重大的理由，在社会上也必然是一个重大的问题。基督教在中国已经行了四五百年，奉教的人虽然不全是因为信仰，因为信仰奉教的人自必不少，所以在近代史上生了许多重大的问题。因为我们向来不把他当做社会上一个重大的问题，只看做一种邪教，和我们的生活没有关系，不去研究解决方法，所以只是消极的[②]酿成政治上、社会上许多纷扰问题，没有积极的十分得到宗教的利益。现在若仍然轻视他，不把他当做我们生活上一种重大的问题，说他是邪教，终久是要被我们圣教淘汰的；那么，将来不但得不着他的利益，并且在社会问题上还要发生纷扰。因为既然有许多人信仰他，便占了我们精神生活上一部份[③]，而且影响到实际的生活不是什么圣教所能包办的了，更不是竖起什么圣教底[④]招牌所能消灭了。所以我以为基督教底问题，是中国社会上应该研究的重大问题，我盼望我们青年不要随着不懂事的老辈闭起眼睛瞎说！

---

① “五四”以前“他”兼称男性、女性以及一切事物。[见《现代汉语词典》（第7版）] 本篇下文同。

② 当时用法，今作“地”。本篇下文同。

③ 今作“部分”。

④ 旧同“的”。本篇下文同。

（二）

在欧洲中世，基督教徒假信神信教的名义，压迫科学，压迫自由思想家，他们所造的罪恶，我们自然不能否认。但是欧洲底文化从那[①]里来的？一种源泉是希腊各种学术，一种源泉就是基督教，这也是我们不能否认的。因为近代历史学、自然科学都是异常进步，基督教底“创世说”、“三位一体说”和各种灵异无不失了威权，大家都以为基督教破产了。我以为基督教是爱的宗教，我们一天不学尼采反对人类相爱，便一天不能说基督教已经从根本崩坏了。基督教底根本教义只是信与爱，别的都是枝叶，不但耶稣如此，《旧约》上开宗明义就说：

> 有害你们生命流你们血的，无论是兽是人，我必讨他的罪。人与人是弟兄，人若害人的生命，我必讨他罪。凡流人血的，人也必流他的血，因为上帝造人，是按着自己形象造的。（《创世记》第九章之五、六）

所以基督徒或是反对者，都别忽略了这根本教义。

（三）

基督教在中国行了几百年，我们没得着多大利益，只生了许多纷扰，这是什么缘故呢？是有种种原因：（1）吃教的多，信教的少，所以招社会轻视。（2）各国政府拿传教做侵略的一种武器，所以招中国人底怨恨。（3）因为中国人底尊圣、攘夷两种观念，古时排斥杨、墨，后来排斥佛、老，后来又排斥耶稣。（4）因为中国人底官迷根性，看见“四书”上和孔、孟往来的人都是些诸侯、大夫，看见《新约》上和耶稣往来的是一班

① 旧同“哪”。

渔夫、病人，没有一个阔老，所以觉得他无聊。(5) 偏于媚外的官激怒人民，偏于尊圣的官激怒教徒。(6) 正直的教士拥护教徒底人权，遭官场愤恨、人民忌妒；邪僻的教士袒庇恶徒，扩张教势，遭人民怨恨。(7) 基督教义与中国人底祖宗牌位和偶像显然冲突。(8) 白话文的《旧约》《新约》没有“五经”“四书”那样古雅。(9) 因为中国人没有教育，反以科学为神奇鬼怪，所以造出许多无根的谣言。(10) 天主教神秘的态度，也是惹起谣言的引线。

上列十种原因当中，平心而论，实在是中国人底错处多，外国人底错处不过一两样。他们这一两样错处，差不多已经改去了，我盼望他们若真心信奉耶稣最后的遗言——《马太传》底末章最后二节所说——今后不要再错了。我们中国人回顾从前的历史，实在是惭愧；但现在是觉悟到什么程度？我盼望尊圣卫道的先生们总得平心研究，不要一味横蛮！横蛮是孟轲、韩愈底态度，孔子不是那样。

(四)

我们今后对于基督教问题，不但要有觉悟，使他不再发生纷扰问题；而且要有甚深的觉悟，要把耶稣崇高的、伟大的人格和热烈的、深厚的情感，培养在我们的血里，将我们从堕落在冷酷、黑暗、污浊坑中救起。

支配中国人心底最高文化，是唐虞三代以来伦理的道义。支配西洋人心底最高文化，是希腊以来美的情感和基督教信与爱的情感。这两种文化的源泉相同的地方，都是超物质的精神冲动，他们不同的地方，道义是当然的、知识的、理性的，情感是自然的、盲目的、超理性的。道义的行为，是知道为什么应该如此，是偏于后天的知识；情感的行为，不问为什么，只是情愿如此，是偏于先天的本能。道义的本源自然也出于情感，逆人天性（即先天的本能）的道义自然算不得是道义；但是一经落到伦理的轨范，便是偏于知识理性的冲动，不是自然的纯情感的冲动。同一忠孝节的行为，也有伦理的、情感的两种区别。情感的忠孝节都是内省的、自然而然的、真纯的；伦理的忠孝节有时是外铄的、不自然的、虚伪的。知识理性的冲动，我们固然不可看轻；自然情感的冲动，我们更当看重。我近来觉得对于没有情感的人，任你如何给他爱父母、爱乡里、爱国家、爱人类的伦理知识，总没有什么力量能叫他向前行动。梁漱溟先生说："大家要晓得人的动作不是知识要他动作的，是欲望与情感要他往前动作的。单指出问题是不行的，必要他感觉着是个问题才行。指点出问题是偏于知识一面的，而感觉他真是我的问题都是情感的事。"梁先生这话极有道理，但是他说："富于情感是东方人的精神。"又说："这情感与欲望的偏盛是东西两文化分歧的大关键。"他这两层意思，我都不大明白。情感果都是美吗？欲望果都是恶吗？情感果能绝对离开欲望吗？只有把欲望专属物质的冲动，情感专属超物质的冲动，才可以将他两家分开。其实情感与欲望都兼有物质的、超物质的两种冲动，不能把他们分开，不能把他们两家比出个是非高下。欲望、情感底物质的冲动，是低级冲动，是人类底普遍天性（即先天的本能，他自性没有善恶），恐怕没有东洋、西洋的区别。欲望、情感底超物质的冲动，是高级冲动，也是人类底普遍天性，也没有东洋、西洋的区别，所以就是极不开化的蛮族也有他们的宗教。所以我以为西洋、东洋（殊于中国）两文化底分歧，不是因为情感与欲望的偏盛，是在同一超物质的欲望、情感中，一方面偏于伦理的道义，一方面偏于美的、宗教的纯情感。东洋的文化自然以中国为主，阿利安人（Aryan）底美术宗教本是介在这两文化系间的一种文化，与其说他近于中国文化，不如说他近于西洋文化；至于希伯来（Hebrew）文化，更不消说的了。

中国底文化源泉里缺少美的、宗教的纯情感，是我们不能否认的。不但伦理的道义离开了情感，就是以表现情感为主的文学，也大部分离了情感加上伦理的（尊圣、载道）、物质的（纪功、怨穷、诲淫）彩色；这正是中国人堕落底根由，我们实在不敢以"富于情感"自夸。

中国社会麻木不仁，不说别的好现象，就是自杀的坏现象都不可多得，文化源泉里缺少情感至少总是一个重大的原因。现在要补救这个缺点，似乎应当拿美与宗教来利导我们的情感。离开情感的伦理道义，是形式的，不是里面的。离开情感的知识是片段的，不是贯串的；是后天的，不是先天的；是过客，不是主人；是机器、柴炭，不是蒸汽与火。美与宗教的情感，纯洁而深入普遍我们生命源泉底里面。我主张把耶稣崇高的、伟大的人格，和热烈的、深厚的情感，培养在我们的血里，就是因为这个理由。

（五）

我们一方面固然要晓得情感底力量伟大，一方面也要晓得他盲目的、超理性的危险；我们固然不可依靠知识，也不可抛弃知识。譬如走路，情感是我们自己的腿，知识是我们自己的眼或是引路人的眼，不可说有了腿便不要眼。

基督教底“创世说”、“三位一体说”和各种灵异，大半是古代的传说、附会，已经被历史学和科学破坏了，我们应该抛弃旧信仰，另寻新信仰。新信仰是什么？就是耶稣崇高的、伟大的人格和热烈的、深厚的情感。

不但那些古代不可靠的传说、附会不必信仰，就是现代一切虚无琐碎的神学、形式的教仪，都没有耶稣底人格、情感那样重要。耶稣说：

> 我告诉你们，现有一比神殿更大者在此。（《马太传》十二之六）

又说：

> 我不为祭祀而为怜悯。（《马太传》十二之七）

犹太人杀害耶稣的罪状，就是因为他说：

我能破坏这神殿，并且三日内造成。（《马太传》二十六之六十一）

我们应该崇拜的，不是犹太人眼里四十六年造成的神殿（《约翰传》二之二十），是耶稣心里三日再造的、比神殿更大的本尊。我们不用请教什么神学，也不用依赖什么教仪，也不用借重什么宗派；我们直接去敲耶稣自己的门，要求他崇高的、伟大的人格和热烈的、深厚的情感与我合而为一。他曾说：

你求，便有人给你；你寻，便得着；你敲门，便有人为你开。（《马太传》七之七）

（六）

耶稣所教我们的人格、情感是什么？

（1）崇高的牺牲精神。他说：

我是从天降下的活面包，吃这面包的人永生；为了人世底生命，我所贡献的面包就是我的肉。（《约翰传》六之五十一）

我的肉真是食物，我的血真是饮物。（《约翰传》六之五十五）

吃我肉饮我血的人，与我合一，我也与他合一。（《约翰传》六之五十六）

爱父母过于爱我的人，不配做我的门徒；爱子女过于爱我的人，不配做我的门徒。（《马太传》十之三十七）

不背着他的十字架随我的人，不配做我的门徒。（《马太传》十之三十八）

想保全他的生命的人，将来必失去生命，他为我失去生命，将来

必得着生命。(《马太传》十六之二十五)

耶稣在将要被难之前，知道他的十二门徒中有一人要卖他，他举起酒杯向他们道：

请你们满饮此杯，因为这是我的血，为誓约为众人赦罪流的血。(《马太传》二十六之二十七、二十八)

(2) 伟大的宽恕精神。他说：

你们宽免别人的罪，天父也要宽免你们的罪。(《马太传》六之十四)

悔改与赦罪将由他的名义从耶路撒冷起，宣传万国。(《路加传》二十四之四十七)

一人悔罪，天使大喜。(《路加传》十五之十)

我告诉你，那妇人许多罪恶都赦免了，因此他爱也多；被赦免的少，爱也少了。(《路加传》七之四十七)

神欢喜一个有罪的人悔改过于欢喜九十九个正直的人无须悔改。(《路加传》十五之七)

别人告诉你们：爱你们的邻人，恨你们的敌人。我告诉你们：爱你们的敌人，为迫害你们的人祈祷；这样才是天父底儿子：他的日光照善人也照恶人，他降雨给正义的人也给不义的人。(《马太传》五之四十三、四十四、四十五)

勿敌恶人：有人打你右边脸，你再把左边向他。有人到官告你，取去你的上衣，再把外套给他。(《马太传》五之三十九、四十)

我不是为无罪的人而来，乃为有罪的人而来。(《马太传》九之十三)

（3）平等的博爱精神。他说：

使瞎子能看，跛子能走，聋子能听，有癞病的人洁净，死的人复活，穷人得着福音。(《马太传》十一之五)

尊敬你的父母，爱邻人如爱你自己。(《马太传》十九之十九)

卖你所有的东西，送给穷人，如此你将得着天国底财宝。(《马太传》十九之二十一)

富人入天国，比骆驼穿过针孔还难。《马太传》十九之二十四)

第一尽全心全精神全意爱你的神，第二爱邻人如爱你自己，一切法律，预言者，都是遵这两大诫。(《马太传》二十二之三十七、三十八、三十九、四十)

你们须相爱，你们须相爱如同我爱你们。（《约翰传》十三之三十四）

穷人少的布施，多过富人多的布施，因为富人布施的是他的有余，穷人布施的是他的不足，是尽其所有。（《路加传》二十之三、四）

Pharisee 人与学者讥诮耶稣和税吏及罪人同食，耶稣对他们说道：

你们堂中，谁有一百只羊，若失去一只，他不离开这九十九只，去将那失去的寻得吗？寻得了，是要喜欢的把他背在肩上。他回到家里，他要邀集他的朋友、他的邻人，向他们说，恭喜我寻回来了我失去的羊。我告诉你们，神喜欢一个有罪的人悔改过于喜欢九十九个正直的人无须悔改，也是这样。(《路加传》十五之一至七)

这就是耶稣教我们的人格，教我们的情感，也就是基督教底根本教义。除了耶稣底人格、情感，我们不知道别的基督教义。这种根本教义，科学家不曾破坏，将来也不会破坏。

（七）

耶稣说：

> 听到我的话而不实行的人，好比一个愚人，把房屋做在沙上。风吹，雨打，洪水来了，这屋是要倾覆的，这是很大的倾覆。（《马太传》七之二十六、二十七）

现在全世界底基督教徒都是不是愚人？把传教当饭碗的人不用说了，各国都有许多自以为了不得的基督教信者，何以对于军阀、富人种种非基督教的行为，不但不反抗，还要助纣为虐？眼见“万国人祈祷的家做了盗贼底巢穴”不去理会，死守着荒唐无稽的传说，当做无上教义；我看从根本上破坏基督教的，正是这班愚人，不是反对基督教的科学家。大倾覆底责任，不得不加在这班愚人身上！

中国底基督教状况怎么样？恐怕还是吃教的人占多数。

最可怕的，政客先生现在又来利用基督教。他提倡什么“基督教救国论”来反对邻国，他忘记了耶稣不曾为救国而来，是为救全人类底永远生命而来；他忘记了耶稣教我们爱邻人如爱我们自己；他忘记了耶稣教我们爱我们的敌人，为迫害我们的人祈祷。他大骂无产社会是“将来之隐患”“大乱之道”，他忘记了基督教是穷人底福音，耶稣是穷人底朋友。

一九二〇，二，一

马尔塞斯人口论与中国人口问题

(一)

我向来有两种信念：一是相信进化无穷期，古往今来只有在一时代是补偏救弊的贤哲，时间上没有“万世师表”的圣人，也没有“推诸万世而皆准”的制度；一是相信在复杂的人类社会，只有一方面的真理，对于社会各有一种救济的学说，空间上没有包医百病的良方。我对于马尔塞斯的人口论，就是这种见解；不但马尔塞斯人口论是这样，就是近代别的著名学说，像达尔文自然淘汰说、弥尔自由论、布鲁东私有财产论、马克斯[①]唯物史观、克鲁泡特金互助论，也都是这样。除了牵强、附会、迷信，世界上定没有“万世师表”的圣人、“推诸万世而皆准”的制度和“包医百病”的学说这三件东西。在鼓吹一种理想实际运动的时候，这种妄想、迷信自然很有力量、价值；但是在我们学术思想进步上，在我们讨论社会问题上，却有很大的障碍。这本是我个人的一种愚见，是由种种事实上所得一种归纳的论断，并且想用这种论断演绎到评判各种学说、研究各种问题的态度上去。

(二)

马尔塞斯人口论的内容，简单总括起来就是：（1）自然界一切生物

---

① 今译“马克思”。

（人类也包含在内）底[1]增殖，常有超过食物范围以上的倾向。（2）这种不断的倾向底结果，生物常苦于食物不足，自然界所以发生种种悲惨，人类社会底贫困罪恶不能绝迹也就为了这个缘故。（3）因此人类社会要想断绝这个祸根，凡是没有赡养家属资力的人，不得不遏制性欲，守独身主义，来防止人口过多的自然力。

后来新马尔塞斯派对于前列的（2）（3）两项大加修正。这修正派的人，以为人类底贫因和罪恶，不仅是人口过多的结果；社会组织的缺陷，的确也是一种原因。他们又以为拿制欲和独身主义来限制人口未免太酷，不如实行预防受胎的法子；因为预防受胎比制欲合乎自然，而且不损身体底健康。

后来无论赞成马尔塞斯底学说或是反对的人，对于修正派底意见，反对的却少得多了。但是他们对于马尔塞斯底（2）（3）两项意见虽然加了多少修正，却于他的根本学说还是不曾动摇。因为马尔塞斯主张底大前提，是在前列的（1）项，马尔塞斯得了永久不朽的大名，迷信他的学说当做万古不动的一大真理，也就在（1）项；因此人口论底研究，便不得不集中于（1）项了。

（三）

人口底增殖率，果然是照马尔塞斯底推算，每二十五年必定增加一倍吗？

生物底生殖力，自然都很伟大，即以一切动物中生殖力最低的象而论，他[2]一生百年间平均生殖六子，这六子果然都能生存蕃殖[3]，从最初的一对夫妇起，经过七百四五十年，应有一千九百万匹子孙；生殖力最高的

---

① 旧同“的”。本篇下文同。

② “五四”以前“他”兼称男性、女性以及一切事物。[见《现代汉证明词典》（第7版）] 本篇下文同。

③ 今作“繁殖”。本篇下文同。

微生物，有几种一昼夜可以生殖一万倍以上。若照马尔塞斯底主张，单就生物生殖力底理论，便可以推断生物在事实上计年增加底倍数，那么单是生殖力最低的象一项，也已经充满地球了。

生物底生殖力和蕃殖力，本来不是一件事；人类也和他种生物一样，事实上蕃殖增加底倍数，决不能拿理论上的生殖力用数学式来武断推算的。人类底生殖力固然伟大，克鲁泡特金所谓自然的破坏力（寒冷、大雪、暴风雨、旱灾、水灾等）亦复伟大，战争的、瘟疫的破坏力更是不用说的了。据中国底历史，三千年间，人口增加不过二十倍；再加上调查不精密，国土古今广狭不同，合并异族的人口增加等原因，实际增加当然还没有二十倍，可见马尔塞斯底人口增殖率未免离事实太远了。在马氏他自己，也知道在历史的事实上因有自然的限制，人口增加率不是这样快，所以他说："人口若无限制，是按几何的比例增加。"（《人口论》第一版十一、十四页）后来迷信马氏学说的人，只注意下半句，忘记了上半句，因此比马尔塞斯更要武断一点。

在马氏著书之时，机器初兴，失业的人多，一时现出人口过剩的假象；马氏不在这多人失业上研究救济方法，却想用限制人口来根本解决，已经和用石条压平驼背的法子同样可笑。自从他死后一直到现今，欧洲大陆各国不但没有人口过多的现象，而且都有人口不足的恐慌，这真是马氏警告、预言当时所想不到的了。如今大战后更是不用说的了，就在战前，即以法、德两国而论，如何使人口增加，不是两国几十年来政治家和学者苦心研究的问题吗？法国因为人口减少，Bertillon 有三百年后降为三等国、五百年后种族灭亡的警告。"法国人口增加奖励协会"（Alliance nationalepour I'accroissement De la population francaise）曾提出奖励人口增加议案十二条。议会也屡次提出同样的议案。德国自从一九〇〇年以来，产儿力非常低减，因此国论沸腾，一九一一年至一九一四年间，关于这个问题的著书多至二百十六种，Julius Wolf 教授等所组织的"德国人口政策学会"（Deutsche Yesellschalf fur Bevolkerungspolitik），他们的政策：（1）产儿底限制；（2）产儿底障碍，如花柳病预防、女工保护、产妇保护等；（3）保护现生的小儿。此等现象，岂不正和马尔塞斯底警告、预言相反吗？

（四）

生物底增殖，果然和食物底增殖不能保平均的速度吗？文化进步的社会，果然不能按照人口增殖速度扩张食物底范围，增加食物增殖底速度吗？

多数的生物一方面是食物底需求者，一方面又是食物底供给者；倘这种生物，自己吃别的生物而生存，同时别的生物又吃他而生存；因此可以说生物底增殖速度增加，同时也就是食物底增殖速度增加。例如猛类鱼吃普通鱼而生存，普通鱼吃小鱼及甲壳虫而生存，他们在一方面是食物底需求者，同时在他方面不又是食物底供给者吗？

即以最进步的人类而论，一方面吃别的生物而生存，一方面也算是别的生物底食物，像那最大的猛兽和最小的微菌，不都是吃人的生物吗？前一项现在或者可以说渐渐减少，后一项无论医术卫生如何进步，将来能否绝迹，还是一个疑问。

人类底人口递增固然是事实，食物随着递增也不是空想。在文化进步的社会，除了宗教上、私有财产上、非生活品的工业上等障碍，又加上科学底发达和生产技术底进步，那时食物增加底速度，恐怕不是现在时代的人想像得到的，何以能断定他只能照算术的比例增加呢？

人口增殖率当然不能每二十五年增加一倍，供给人类吃的生物，他们的生殖力每二十五年却可以增加数十倍或数百倍。倘用科学来选择、培养和人力保护，不叫别的生物侵占，增殖底速度更要大大的①无限增加。例如有许多我们现在不吃的生物，若是利用科学来选择、消毒，我们食物底

① 当时用法，今作“地”。本篇下文同。

范围便自然扩张了，我们现在所吃的生物，若是用科学来培养和人力来保护：像养鱼隔离法（产卵期内和他鱼隔离，防止卵为他鱼所吃），农业上、蚕业上驱除害虫法，家畜防疫法，牧场防兽法，都严密实行起来，食物增殖底速度自然没有不意外增加底道理。

私有财产废止底好处：（1）社会资本在真能集中；（2）全社会资本完全用在生产方面，不会停滞；（3）人人都有劳动生产底机会；（4）可以节省用在拥护私有财产（国内、国际），大部分的劳力资本，到生活品的生产事业上去①。在这时候，自然可以实现“无旷土、无游民”的理想，再加上农业、化学天天进步，农产物增加底速度自然非常伟大了。

姑且让一步说，这都是未来的空想；就以现代的经济制度、现代的科学程度而论，自从马尔塞斯死后现在②八十五年间，因为资本集中、机器广行、交通发达、殖民地开拓这四个缘故，欧洲经济状况生了绝大的变化，和马尔塞斯时代迥不相同。一方面农产物输入多量，毫没有收获渐减底恐慌；一方面工业物却有收获渐增底效果，生产过剩底恐慌居然成了经济学上一个原则。因为有生产过剩的恐慌，所以他们寻找销场的希望比寻找殖民地的希望更要热烈得万倍。他们用极强大的海陆军保护殖民地还不过是一种手段，扩充销场、拥护商业才真是他们的根本目的。所以近代的国际战争，往往拿出极大的牺牲，所争得的并不是一块土地，不过是几项有利的通商条约。

再让一步说，这种过剩的生产物乃是资本私有制度之下分配不均、劳动者无力购买的结果，不是实际的过剩。这话固然不错，但无论分配如何不均，也必定在勉强维持社会生存以上，资本家才能够拿过剩的名义输出国外；像现在俄、奥两国产业界底情况，无论有如何大力的资本家，也不能够把维持国内底生存尚嫌不足的生产物，用过剩的名义输出国外。在一

① 原文如此。依文义，改为“可以节省用在拥护私有财产（国内、国际）上的大部分的劳力资本，到生活品的生产事业上去”，似更为通顺。

② 原文如此。依文义，似应为“到现在”。

种生产过剩急找销场的国家，若是没有资本私有制度，平均分配起来，当然有维持生存以上的余裕了。因此就是这种非实际的生产过剩，一方面可以证明社会上贫困的现象不是因为生产物不足，乃是因为分配不均；一方面可以证明马尔塞斯食物增加和人口增加不能保持平均速度的理论，确有不验的地方、不验的时代。况且棉纱、米谷更是生活品中第一不可少的东西，决没有绝对不足还可以输出的道理，近代中国、日本、美国底人口都非常增加，而棉纱、米谷反是大宗的输出品，这岂不正和马尔塞斯底预料相反吗？

（五）

科学发达，生产技术也进步，人类食物底范围自然有无限扩大底可能性；但是对于土地这一层，有一以为土地底丰腴力有一定的限度，因此对于这一定丰度的土地上所加劳动底生产力也不能不有一定的限度，这就叫做“收获递减法则”。这种法则都是马尔塞斯人口论底一个有力的帮助，因为这种法则若是真理，在人类食物范围扩大上有很大的影响。这种法则就是说：一块土地底收获分①量，决不能随劳力分量比例增加。例如第一年十人耕种一块土地，有百分的收获；第二年加十人耕种，收获分量虽有增加，决不能照人数增加的比例增加一倍。照人数比起来，反有劳力递加收获递减的现象，如左表②：

	一年度	二年度	三年度	四年度	五年度
劳力人数	一〇	二〇	三〇	四〇	五〇
收获总量	一〇〇	一八〇	二四〇	二八〇	三〇〇
最后增加的劳力所收获		八〇	六〇	四〇	二〇

① 依文义，此处的“分”当同“份”。本篇下文同。

② 原书竖排，从右至左读，故曰“左表”。本篇下文同。

第一，我们要晓得我们的食物不全靠农产物；第二，我们要晓得化学发达可以人工增加不须耕种的食物；第三，我们要晓得将来农业、化学发达，收获底增加还可以在人数增加的比例以上；第四，我们要晓得此时地球上未开垦的荒地还多得很，假定收获递减法则是真理，人口有加无减也是事实，这种真人满的恐慌也不知道在多少年以后；若是把眼前的社会问题放下不理，预先忧虑那多少年以后的事，那么，有人说地球将来也要毁坏的，我们应该怎么预防呢？

（六）

有人把经济思想分为二大系统：一是富底哲学，说明富底性质及原因；一是贫底哲学，说明贫底性质及原因；斯密亚丹[①]属于前者，马尔塞斯属于后者。人类底贫困不单是食物一样，乃是衣、食、住、知识、娱乐，一切等等不足者对于足者比较的现象。不但没有衣食住是贫困，吃素菜的比吃肉的是贫困，着布衣的比着绸缎的是贫困，住茅屋的比住大屋的是贫困，着短衣的比着长衣外套的是贫困，没有钟表用的比有钟表的是贫困，步行的比坐马车汽车的是贫困，无钱结婚的比妻妾成群的是贫困，无力量读书的比学者是贫困，倘在均产社会里，权利均等，机会均等，没有足不足底比较，个人贫困底现象便不会发生了。个人比较的贫底现象不一定是因为人口超过了生活资料，大部分是因为财产私有分配不均，一阶级人底占据有余造成一阶级人底不足；若拿有余补不足，岂不立刻成了“均无贫”的社会吗？到了均产社会时代，若公共觉得生活资料不足，那时才可以拿人口过剩算贫底一种原因；也不是全原因，因为还有科学不发达，生产技术不精，劳力底数量不充分，交通不便，也都是造成生活资料不足底一种原因。马尔塞斯说明贫底性质只注重食物一样，已经不大周到了；他说明贫底原因只注重人口过剩这一层，把分配不均、科学不发达、生产

① 当时译法。今译外国人名，名在前，姓在后，作“亚当·斯密”。本篇下文同。

技术不精、劳力底数量不充分、交通不便，这五种贫底重大原因都忽略了；他这种贫底哲学，恐怕还不及斯密亚丹富底哲学稍有根据。

马氏生在盛唱均产、人权的时代，不肯盲从时论，对于 Godwin 及 Condorcet 加以有系统的攻击，我们不能不佩服他有胆识。发明了贫底一种原因——即人口过剩，我们不能不承认他在社会经济学上有很大的贡献。但是他过于偏重他发明的这一种原因，和别的发明家、持论家陷于同样的偏见。不但如此，假令人口过剩是造成贫困的唯一原因，此外没有别的原因，非限制人口不能救济，也没有理由专门要限制下层贫民，上流富裕阶级就有孳生的权利，他们的这权利是从那[1]里来的？又何至主张贫民没有生存权，又何至说没有得父母财产的人没有吃饭的权利，好比宴会里未请的宾客没有入座的权利一样呢？（《人口论》第二版五三一页）Place 说马尔塞斯否决无事的穷人有吃饭的权利，却许无事的富人有这种权利。像马氏这种掩护资本家底偏见，不免要发生学者良心问题。

贫民多子，自然是社会上一种悲惨的现象，我们应该设法救济的；但是救济的方法，不能够像限制人口那样简单。第一要问贫民是怎么会贫的，是不是社会制度底罪恶？第二要问贫民底子女何以没有公共教育底机关，是不是社会制度底缺点？若丢开这两个问题，专门限制贫民人口，这种劫贫济富的办法就不说什么生存权和人道主义，社会上必招两项实际的损失：（1）贫民底子孙中往往有许多伟大的人物，倘限制贫民多子，社会上岂不是要受绝大的损失么？（2）富人底子弟多游惰，贫民底子弟多勤劳，倘专门限制贫民多子，社会上游惰的分子渐渐增加，勤劳的分子渐渐减少，岂不是可怕的么？

优种论虽有点和个人自由、人权平等冲突，比人口论似乎还好些。因为优种论所要淘汰的，在他的观察总是社会上恶劣分子，还没有贫富底分别。

---

① 旧同“哪”。

（七）

说到中国人口问题，有一班糊涂人常常以我们中国人口众多自豪，实在是梦话。第一，我们要晓得我们中国一百万人口左右的都市，不过上海、武汉（合武昌、汉口、汉阳而言）、广州、北京四处，拿人口和土地比例起来，是不是人口众多还是一个问题。第二，我们要晓得无知识、无能力、无职业、游惰偷生的人口越多，社会越发不得了，单是人多不一定就可以自豪。单是我们人口数目比别国多不算是真人多，必须我们人口和土地的比例比别国多，才真是人口众多。单是人口众多也不能自豪，必须是有知识和生产能力的人多，才可以自豪。

但是中国人口问题，也不是马尔塞斯底学说可以解决的。中国不生产而消费的人过多，人口增加似乎是超过了生活资料之上，这也是到处发生生活困难底一种原因，但这种原因不是专靠限制人口可以解决的，因为中国人口过多底现象，不是和土地比例的人口过多，乃是不生产而消费的游惰人口过多，生活资料不足；不是生活资料增加底可能性赶不上人口增加，是增加生活资料底方法赶不上人口增加。照现在增加生活资料底方法和“游惰神圣”的社会制度，若不改造，就照现在的人口减去一半，恐怕仍然免不掉贫困的现象。若依马尔塞斯底主张专门限制下层阶级，不承认贫民有生存权；那么，中国式的上流阶级——即富贵游惰分子——渐渐增加，贫苦的劳动的生产分子渐渐减少，不知道将来要变成一种什么社会？

所以我主张要解决中国人口问题，应该并行左列的几个方法：

（1）发展生产事业　劳动方面，大都市底工厂里，每天工值两三角做十二点钟的工，大家还惟恐谋不到手；人口稠密的农村里，因为租地竞争，地主除收租外，还有种种不法的需索，佃户终年辛苦还不能够饱暖；农家底帮工，每年工价不过十余元，这都是人口过多，工价过低到这样地步。但是我们中国不但矿业、工业、交通事业都还有无穷的发展，就是已经发达的农业，不但东北西北底边地，就是内地各省底荒地荒山也不知有多少，拿这一样就可消纳无穷的人口。

（2）发展交通事业　此事对于人口问题有两种效果：（一）增加能生产的人口；（二）利用有余以补不足，等于增加生活资料。

（3）发达科学　此时欧、美各国底物质文明虽是进步，将来科学越发达，衣食住各种生活资料还要随着无限的增加，至于我们科学还未萌芽的中国更是不用说的了。

（4）发达生产技术　无论农产工产品，技术越发进步，生活资料增加底速度越发增加。

（5）增加劳力底数量　土地、劳力在生产要素上应该居首要地位，在我们“游惰神圣”的国里，不但劳动底人数过少，劳动底力量也不充分，一般劳动者做工底时虽多，大半等于西洋的怠工。现在要增加生活资料，应该在社会制度上、经济组织上取销那“游惰的上流阶级”和“游惰神圣”的风尚，使劳力底数量充分增加。

（6）分配平均　现在军阀集中资本，人民已经是受不了，财阀倘再来集中一下，将来恐怕只有极少数的人生活余裕，那最大多数最大痛苦的人，连一班拥护资本主义大骂社会主义的学者自己或是他的子孙，都要变成没有生活资料的贫民，都要被马尔塞斯取消他们的生存权了。在财产权私有社会里，似乎不可因为有许多穷人生活资料不足，便马上断定是人口过剩，便马上断定人口常有在生活资料以上增加的倾向，因为若将全社会合拢起来平均分配，不见得生活资料真是不足，恐怕是一班强盗太有余了，别人便当然不足呵。所以若要讨论社会上究竟是不是人口过剩，究竟生活资料足不足，候实行分配平均后再谈，似乎才能够得到真相。纵然大家说平均分配是一种不能实现的空想，那就请大家狠狠心肠拿出一部分剩余价值（他们说是什么红利）来，办几个贫儿公育院，这总是做得到的罢。这种分配底法子固然离平均还差得远，但是也可以救济人口问题一部分的危急。

（7）限制人口　在以上几种方法没有收效以前，用限制人口的法子减轻社会上一部分生活困难，也可使的[①]。但限制底方面应该注重在游惰的上流社会，不限于贫苦的劳动者，这却和马尔塞斯底主张有点不同。

一九二〇，四，一

① 今作“使得”。

劳动者底[1]觉悟

——在上海船务、栈房工界联合会演说

世界上是些什么人最有用、最贵重呢？必有一班糊涂人说皇帝最有用、最贵重，或是说做官的读书的最有用、最贵重。我以为他们说错了，我以为只有做工的人最有用、最贵重。

这是因为什么呢？

我们吃的粮食，是那种田的人做的，不是皇帝总统做官的读书的人做的；我们穿的衣服，是裁缝做的，不是皇帝总统做官的读书的人做的；我们住的房屋，是木匠瓦匠小工做的，不是皇帝总统做官的读书的人做的；我们坐的各种车船，都是木匠铁匠漆匠做的；还有许多机器匠、驾船工人、掌车工人、水手、搬运工人等，才能把我们的货物和我们自己送到远方，这都不是皇帝总统做官的读书的人底功劳。这世界上若是没有种田的、裁缝、木匠、瓦匠、小工、铁匠、漆匠、机器匠、驾船工人、掌车工人、水手、搬运工人等，我们便没有饭吃，没有衣穿，没有房屋住，没有车坐，没有船坐。可见社会上各项人，只有做工的是台柱子，因为有他们的力量才把社会撑住；若是没有做工的人，我们便没有衣食住和交通，我们便不能生存；如此，人类社会岂不是要倒塌吗？我所以说只有做工的人最有用、最贵重。

但是现在人的思想，都不是这样，他们总觉得做工的人最无用、最下贱；反是那不做工的人最有用、最贵重。我们现在一方面盼望不做工的人快快觉悟自己无用的下贱，一方面盼望做工的人快快觉悟自己有用、

① 旧同“的”。本篇下文同。

贵重。

世界劳动者的觉悟，计分二步：第一步觉悟是要求待遇改良，第二步觉悟是要求管理权。现在欧、美各国劳动者底觉悟，已经是第二步，东方各国像日本和中国劳动者底觉悟，还不过第一步。

在表面上看起来，欧、美、日本的劳动者，都在那里大吹大擂的[①]运动；其实日本劳动者底觉悟和欧、美大不相同。因为他们觉悟后所要求的，有第一步、第二步的分别。第一步觉悟后所要求的，是劳动者对于国家资本家，要求待遇改良（像减少时间、增加工价、改良卫生、保险教育等事）；第二步觉悟后所要求的，是要求做工的人自身站在国家资本家地位，是要求做工的人自己起来管理政治、军事、产业，和第一步觉悟时仅仅要求不做工的人对于做工的人待遇改良大不相同。第一步要求还是讨饭吃，必须到了自己有饭吃的时候，油盐柴米菜蔬锅灶碗碟等都拿在自己手里，做工的人底权利才算稳固。否则无论如何待遇改良，终是仰仗别人底恩惠、赏饭。

中国古人说："劳心者治人，劳力者治于人。"现在我们要将这句话倒转过来说："劳力者治人，劳心者治于人。"

各国劳动者第二步觉悟、第二步要求并没有别的奢望，不过是要求做工的劳力者管理政治、军事、产业，居于治人的地位，要求那不做工的劳心者居于治于人的地位。

我们中国的劳动运动，还没有萌芽，第一步觉悟还没有，怎说得到第二步呢？不过我望我们国里底做工的人，一方面要晓得做工的人觉悟确有第二步境界，就是眼前办不到，也不妨作此想；一方面要晓得劳动运动才萌芽的时候，不要以为第一步不满意，便不去运动。

一九二〇，五，一

① 当时用法，今作"地"。

上海厚生纱厂湖南女工问题

（一）长沙《大公报》柏荣君论《上海厚生纺纱厂试用湖南女工问题》

上海厚生纺纱厂自今日（二十七）起，在自治女校招收女工。我现在把他[①]简章上面所载的主要点写在下面，并根据这些主要点发为问题，务请注意社会问题和女子问题的人在这解放潮中，大家来讨论讨论。他的简章上面说：

（1）主义　念湘省叠[②]经兵事，生计艰难，妇女尤甚，故让出一部分工额，招募湘省女工一批来申试用，以开内地女界力食之风，并培养纺纱熟手，预为湘省振兴纺织工业地步。

（2）工作　每日工作十二小时。

（3）工食　每月工食约八元，视各人工作能力而增减之。

现在我要代表湖南人对于厚生纺纱厂致谢。致谢的是什么？就是他“念湘省叠经兵事，生计艰难，妇女尤甚……”的一片慈悲心。但是我要问：

（1）他这些话到底是不是“由衷之言”？他为什么对于我们湖南

① “五四”以前“他”兼称男性、女性以及一切事物。[见《现代汉语词典》（第7版）]。本篇下文同。

② 原文如此。依文义，今当作“迭”。本篇下文同。

的女同胞有这番美意？他到湖南来招女工，据他说是让出来的，到底骨子里含不含着有别的什么意思？

（2）上海工厂的工人，受着世界潮流，已有对于工作时间和工资问题发生同盟罢工的事实，厚生纺纱厂此次招收湖南女工，到底是不是为免除这种困难事实起见？

对于工作时间问题，“八小时”的劳动制，暂且搁置不说。但是我要问：

（1）每日十二小时的工作如何支配？

（2）每日二十四小时，除工作十二小时和睡眠八小时外，尚余几小时？

（3）在这所余的四小时中，除三次饭食时间最少须一小时半外，每日所余这二小时半，可做些什么事？

（4）据他的传单上面说，除工作时间外，寄宿舍内还要做洒扫、烹食、洗涤诸琐事；在每日工作、饭食、睡眠余下来的二小时半，可以将就把他处理。但是我再要问他传单上所载的甚么书算簿记等，游戏舞蹈等，有什么时间去分配？

（5）作夜班的人，整整的①要做一星期，于他们的身体没有什么妨害吗？

（6）每日作十二小时的工，不要休息时间吗？于他们的生理上没有什么关系吗？

现在说到工食问题来了：

---

① 当时用法，今作“地”。本篇下文同。

(1) 上海伙食的价格怎样？

(2) 八元内除去伙食，尚余几元？

(3) 每月所余的钱，假若去的妇人，家里有人要供养，所余的钱寄回去供家人了，倘若发生什么不幸的事故又怎样？即使不要寄钱归家，倘若有人发生什么重大事情，自己所储蓄的还不够用又怎样？

(4) 八元的工价（伙食在内）和十二小时的工作，工值是否相等？

厚生纺纱厂此次来湖南招募女工，是否“念湘省……”，我不敢以小人之心度君子之腹。但是我总对于上列诸点有些怀疑，那是我不能不说的。我很希望注意这个问题的人快来讨论，“五十个人”的前途幸不幸，都在这三日内解决咧。

（二）长沙《湖南日报》樵仲君论《上海厚生纺纱厂试用湖南女工问题》

崇明黄君乃余在长邑中学时同学。自长邑归并长郡后，黄君离校。厥后，不谋面不通信者数载。日昨忽过访，互道契阔。余询其近状，黄君自言曩因受种种激刺，忿[①]然赴沪，投厚生工厂为工徒，历今五年，已为工头，以种美国棉花为职业。即此次厚生工厂招湘女工，亦由渠董其事。语次，出章程图片种种相示，并嘱余代将详情披露报端。余以患病，未应也。昨日阅《大公报》，见柏荣先生所著《上海厚生纺纱厂试用湖南女工问题》，对于招募湖南女工，实怀疑虑。余因此，遂不能不将余与黄君之谈话述出以明真相，而祛人惑焉。

（余问）厚生工厂总理为何许人？

（黄君答）总理名穆藕初，本世家子，父殁时，家产荡然。穆君

① 旧同“愤”。本篇下文同。

乃改业商，后留学美国。返国后，遂组织厚生纺纱工厂。

（问）厚生工厂，何以必招募湖南女工？

（答）总理因扩充工厂，故加募女工，余因我湘省屡遭兵燹，且受纸币影响，生计艰难，故请求穆总经理，留额五十名，在湘招募。但不知湘省女工能否适用，故云试用。

（问）女工在厂所事若何？

（答）工厂纺织，皆以机器，女工不过作接断纱等事而已。

（问）每日工作十二小时，不太久乎？

（答）现在为中外纺纱业竞争之时，总理因欲战胜外国纱厂，故用夹工，即日夜两班，循环继续工作。工作时间虽长，亦系不得已也。

（问）在厂工作，必满三年乎？

（答）至少须工作三年。因此次招募五十名赴申，资斧皆由工厂预备，每人并赠皮箱一只，面盆、网篮各一只；工厂所费，实属不赀。恐女工中有仅借此为游历计，非实心作工者，故必限定三年，方可出厂。

（问）工资每月八元，似过于少。

（答）工资虽只八元，然除火食①外，尚可余三四元。长沙女工工价，多者仅二元，以此相较，则八元亦不为少。

（问）女工除工作寝食外，所余时间无几，恐不能操扫洒、烹食等事。

（答）时间虽短，但工作时并不劳苦，即以休息时间作洒扫等事亦可。

（问）三年之后，女工如何？

（答）愿留者仍可继续作工。不愿者听其自由。

① 今作“伙食”。本篇下文同。

（问）女工寄宿何处？

（答）总理因念湘省女工不能如本埠女工工罢即可归家，特于工厂附近设寄宿舍，刻尚在建筑中。

（问）女工工作时间既长，又须作晚工，于身体似有损害。

（答）因此原因，故招工必选身体强壮能耐劳者。

（问）工厂对于女工不正当之行动，有预防之法否？

（答）此事工厂不能负责。但余拟组织一湖南女工勤工会，以互相警惕勉励，另有简章。

（问）女工在厂时，设遇特别事故，可以请假返湘否？

（答）遇特别事故，由工厂调查确实者，可以请假；但以不请假为最好。

黄君并云："劳工实有乐趣，余在沪，常服袯袂。返湘，往自治大学晤舅氏马君时，仍未易服，马君见余状若此，闻述招女工事，似不深信，余乃电穆请电县教育会证明，随又恢复数年前之少爷衣服，始有与我周旋者。我既不见信于长沙社会，故对于报名女工，必再三诘问果愿往否；如稍存疑虑，则勿往为佳。余有妹，曾毕业东乡女子高等小学校，已入厚生工厂数载。余妻问余可往否，余以愿往则往，不愿往则勿往答之。余与君（指樵仲）共校时，年皆未舞象也；余常谓必为工人，君每嗤之，今果何如哉？且君若以数年前之余与今日之余相比较，得毋笑余愈趋愈下耶？"吾曰："否否，君大觉悟，我深愧不及耳。"

（三）长沙《湖南日报》畅吾君论《上海厚生纺纱厂试用湖南女工问题》

早几日前，我就想要研究这个问题，只因琐事太多，没有提笔。现在我的朋友柏荣既然将这问题提出来了，我就跟着他也来说说。但是我在未讲到本题以前，有句话要申明，是我所讲的，纯是"事"的问题，与"人"没有关系。因为下面我所讲的人，都是我不认识的，所操的职业也不同，决没有半点利害冲突，纯是由于内心的自动，决无别的作用。

据厚生纱厂的章程第一条，大概说是“因念湘省妇女生计艰难，特让出一部分工额，来容收湖南的妇女”。下面书有厚生纱厂总理穆藕初，并盖有私印。照上海报纸纪事看来，他也似乎是一个重要的商人。据本省近日报载厚生纱厂招女工的经理员，是黄本操，他是一个湖南人。又听说他到长沙来，并且请些什么湘绅，在自治女学开会一次，也得了他们的同情，这件事大体可说是没有坏处了。我不是工艺家，对于工作的情形不甚熟悉，当然也不能下一个全权断定，说他怎样不好。只就我心里所想到人人应该怀疑的事件写出来，先请在省的厚生纱厂招女工的经理人黄本操，及与闻厚生纱厂招女工会议的乡绅答复。上海的穆藕初，我也要写信到上海去，请他答复。看报的人也要请参合昨日柏荣先生所讲过的①细想想。女工的本身和与女工的有关系的人更要切实思量。诸君要晓得，我并不是不赞成湖南的女子到外边去作事②，实在是因为照他章程上所讲的，有研究的必要，不可不慎重其事。

这问题所应该研究的，可分作劳值、工作时间、单方契约三项。

（1）上海地方，每日作十二小时的工作，月给工食洋八元，并要因工作的能力而增减之，现在有这种成例吗？上海的米，现在卖八块多钱一石，每人每月要吃两块钱的米。米之外要油盐菜煤，这油盐菜煤要两块钱不要？作工的人不要衣服穿吗？一年的衣服要多少钱？每日作十二小时的工，我可以断定会生病的，病了不要医药钱吗？上海医药费比湖南如何？病时不要扣工钱吗？不要饭吃吗？工作能力差点的要减工资，最低定额足以维持个人的生活吗？也就是每月能够得八块钱，或许多得一二元（我想最多也不过多一二元，因为工食的本额只有八元），每年每人可余多少钱？并且要做三年工，上海的生活程度不会增高吗？每月的伙食增至六七元

① 原文为“讲的过”，疑误。依文义改为“讲过的”。

② 今作“做事”。

（三年后必至如此），每月得了八块钱，又怎样？现在的八块钱，在湖南看来似乎很好，若是把在本省做女工的火食工价比比，又强许多[①]？大家留心想想。

（2）每日作工十二小时，是世界上那[②]一国的劳动制？纱厂的机器是日夜不息，每日作二十四小时工，要日夜两班人去用他。日里工作时间，固然太长（此事柏荣先生开有预算表，我不再讲，请读者参看）；夜间的十二时，更觉为难。我要问问穆藕初、黄本操和湘绅，你们自己做得到吗？做工[③]之外，还要煮饭、洗扫、梳头、吃饭，要占多少时间？做一个礼拜的日工，换做一个礼拜的夜工，是根据于什么原理？不会生病吗？厚生纱厂的主人，你们要晓得，机器是机器，人是人，决不可将人当作机器！

（3）招收女工的资格有一条，要填具愿书，家长署名，外加铺保。劳动家与资本家，本然是对待的；招人作工，要家长署名，外加铺保，是不是不把劳动者当人？是不是在这三年之内，卖给工厂？开工厂的有钱，要人这样那样，假使他们工人在工厂里，因作工致死，或有疾病，你们独不要认医药费负生命赔偿的责任吗？并且在这时候，要预定三年，决没讲到日后工资的增加；我要问三年后的纱价，能照今日的定价出卖吗？厚生纱厂的主人坐在上海，眼光很大，逆料劳动界将来一定有问题，在这时把基础弄稳，只管把别人做奴隶，自己赚钱，并且得着“因念……”的好声名，计策真好，恐怕将来潮流来了，反动比别处还要利害些。

这是我一时所想到的，请黄本操答复之后再说。

畅吾君这篇文字日前送来时，本部已将樵仲君所作付刊了。樵仲君与黄本操君所谈的，我觉得未免太笼统、太单简，对于柏荣君所怀

---

① 当时用法，相当于今“又强多少”的意思。

② 旧同“哪”。本篇下文同。

③ 本篇中“作工”“做工”并用。为保持原书风貌，均从原书。

疑各点，还是没有解释明了。跟著现在畅吾君又提出严重质问起来，越发印证得黄君所答异常含混。我很希望黄君看过了这篇文字，早点儿详明答复，大家多是提着笔等呢。

（四）长沙《大公报》亚文君底《上海厚生纺纱厂在湖南招女工的章程的研究》

“上海厚生纱厂委托湖南人黄本操试招湖南女工”这个问题，柏荣君昨日已经提出了。湖南人出外做工，我也是很赞成的；但是我看厚生纱厂招工的“办法”，也不免有些怀疑，特写出来和大家讨论：

（1）人格问题　　工人是人么[①]？人应该有自决的权利么？此次厚生纱厂招女工预先要有家长署名的志愿书，和有力量的铺保，才能够取得做工的资格，是不是预先将五十个女工的“人权”完全归到家族和铺保手上？是不是就是把这五十个女工的“做人”的权利根本取消？一个人做工都没有完全自决权，这个人是不是机械？厚生工厂是不是把这五十个人当做机械买去？

（2）劳力问题　　我请问农人的耕牛，是否常要他每日做十二小时的工？我请问我们一般人每日能否做十二小时的工？我请问世界各国那一国有每日做十二小时的工的工人？我请问我国女子的体力能否比世界各国的女子更强健？机械每日工作二十四小时，女工每日工作十二小时，一个女工可当半部机械，厚生纱厂的想法固不错，只是这五十部“折半的机械”恐怕有点寿命不长罢了。

（3）工资问题　　一个女工每月能够得八元的工食，在我们长沙人看起来，觉得很有利益。但是我们拿上海的生活情形来估计，每月所余也有限了。且我还有几个疑问：去时的盘费由他担负，回时的盘费怎样？平时

① 旧同“吗”。本篇下文同。

每月有工资，病时又怎样？住在上海的女工，遇有疾病等事，可有家庭照料，湖南去的女工离家这样远，倘有疾病，医药费和看护人怎样？

据我看来，每月工食八元外，若没有特别补助费，这五十个工人遇着疾病等事，必要发生绝大的困难，现在我说他们每日做十二小时的工太多，恐怕他们到了那时还要再加工作时间才能生活呢。

上写的三个问题，我希望大家研究研究。

按柏荣、亚文两君，都对于厚生工厂招工办法有些怀疑，所以投稿本报，提出讨论，我认为这件事颇有讨论价值，所以替他发表了。今日《湖南日报》上登的樵仲君那文章，是替厚生工厂“明真相，祛人惑”。有了他和黄君一段谈话，柏荣、亚文两君的疑团多少总可以解除一点。

据我看，他要家长志愿书，要有力量的铺保，也无非是为免除将来意外纠葛起见，不能十分怪他。至说到有人权无人权，能自决不能自决，这是全中国妇女界尚待解决的问题，不便单单拿来责备厚生工厂。

柏荣君疑该工厂或者含有别的甚么意思，我看别的意思是当然没有的。至于“免除罢工风潮困难”一层，我却不敢担保该工厂定不含有这种意味。但是他说是“念湘省迭[①]经兵事，生计艰难，妇女尤甚，特让出一部分工额……”，我们就不能不感激他“念”“让”两个字的美意。

厚生工厂既然对于湘省妇女有“念”“让”两层令人感激的美意，那么，工作时间长短问题和工资多寡问题都很容易解决了。记者敢代表五十个女工，以最诚挚恳切之词，向厚生工厂请愿：

---

① 前文作“叠”，此处引述为“迭”。

（1）请“念”八小时工作已成世界公例，酌量减少该女工等的工作时间。

（2）请“念”妇女作工劳苦，酌量增加相当的工价。

（3）请“念”湘省妇女远道作工，遇有疾病或特别情形时，酌量给予以①补助费。

以上三事，是和柏荣、亚文两君意思相同的，但是柏荣、亚文两君是取研究的形式，我是取请求的形式；我愿黄本操君带了回去，即作为湘省女工的一纸请愿书。何如？兼公附记。

（五）长沙《大公报》柏荣君《再论上海厚生纱厂试用湖南女工问题》

我昨天说，有了樵仲君和黄本操君一段谈话，柏荣、亚文两君的疑团多少总可以解除一点，今日看了《湖南日报》上登的畅吾君那篇文章，和柏荣君投的这篇再稿，也如杨积荪君所说的“对于怀疑各点，还是没有解释明白”，所以再把他披露出来，要求黄本操君作一个书面的总答复。黄君呵！并不是我们故意麻烦你，你原是个很“关怀桑梓”的人，古语说得好，“为人须为澈”，请你注意一个“澈”字罢②。

兼公附记

上海厚生纱厂此次到湖南来招女工，我很怀疑，我已把他写了出来，登在二十七日的本报上。昨日我读了樵仲先生和黄君的谈话（见《湖南日报》），我的疑团依然一样，所以我不能不再把他写出来请教：

---

① 原文如此。按今语法，“以”字可删去。本篇下文同。

② 旧同“吧”。本篇下文同。

（1）厚生纱厂是穆藕初君办的，我在他招女工的章程上面看见了。并且在上海报纸上面，我早已屡见其名，晓得他是上海一个重要的商人。

（2）厚生纱厂此次来湘招募女工，是黄先生的请求，是黄先生关切桑梓的处所，我敢再代表湘人致谢。

（3）据黄先生说："女工在工厂不过作接断纱等事而已"，但据招工的简章上第五条说："先习摇纱，嗣后酌调。"在第四条说："在本厂练习一个月或二个月。"入工厂须练习，我想工作必不像黄先生所说"接断纱等事"那样容易。"先习摇纱"云云，是否是"接断纱等事"一类的工作，我是个门外汉，不敢下什么断定。但从"摇"字上面看来，我敢断言工厂内的工作是要用体力的，必不像黄先生所说那样的不用费力。

（4）黄先生说："总理因欲战胜外国纱厂，故用夹工……工作时间虽长（每日十二小时），亦系不得已也。"当此劣货充满全国之时，穆总理有此宏愿，那是全国人所祷祝的。但是黄先生呵！每日工作十二小时的体力劳工，并不是好玩的事，是要性命相交的，"不得已"三字就可以了之吗？

（5）在厂作工，必满三年，黄先生所持的理由诚然不错，但世界一天一天的文明，生活程度即一天一天的增高，且劳值又与工业竞胜成正比例，该厂的工资仅说每月工食八元，并没有说按年增加的话；假使到了第三年，每月八元不能维持生活，该厂又将如何？假使有人因为不能维持生活，或因为别的工厂的工值比较的要高些而要求退工，该厂不说"作工限定三年"的话吗？

（6）"八元亦不为少"的话固然不错，但是我要问：长沙的女工，每日要作十二小时的工吗？每日要作像"摇纱"这一类的十二小时的劳工吗？长沙女工的工价比较的虽要少些，还可得身子的自由；倘若到了上海，我恐怕有一点子不对，就会害得上不上下不下哩。并且在上海工作，每月多得一二块钱，又算什么事；拿物价的高低比起来，每月实实在在又落得几个？如果遇着不幸的事，那才叫天不应，叫地不灵！黄先生！上面的话，你先生记及吗？能够作保证吗？

（7）黄先生说："工作时间并不劳苦。"我从"摇纱"的摇字"顾名思义"起来，总有点不相信。并且妇人的事，比男子分外的多些，如梳头、洗涤之类，又有什么休息时间去作洒扫等事呢？黄先生呵！还是请你劳神，把工作、寝食、梳洗、烹扫、书算、簿记等，把每日二十四小时好好的分配，释人疑团！

（8）三年之后，女工还不自由吗？

（9）赚八块钱一月，不设寄宿舍，还要人家住栈房吗？

（10）樵仲先生问得好，"女工工作时间既长，又须作晚工，于身体似有损害"。在我的意思，"似"字觉得太轻，应改"必"字。黄先生说："因此原因，故招工必身体强壮能耐劳者。"身体强壮能耐劳者，目前虽没有损害，能保将来不损害吗？且因生理的关系，女子又有比男子不同的地方，若遇女子呈生理变态的时候，女子不作工吗？他的工作时间，又可以减少吗？工作时间不减少，整日的作十二小时的劳工，谁能说他们身体没有损害！黄未醒先生，你是我们湖南一个讲体育的人，讲女子体育的人，你醒了么？这个问题，我要请你答一答。

黄先生下面所说的话，我不研究了，但是我再要问一句：应招的资格，须由本人亲具愿书，家长署名，外加铺保，这是工人对于你们贵纱厂所具的字据；你们贵纱厂对于工人负有什么责任呢？倘若工人入厂不久，又没有储蓄，得了疾病，怎样？倘若由疾病而致死亡，又怎样？现在虽不能解决这些事实，然不可不明白计较。黄先生！你是湖南人，你应该拿"负责任"的话说出来。我并不是反对厚生纱厂在湖南招女工，又不是不赞成湖南的女子向外边发展，像厚生纱厂这样招工的条件，我实在是早替被募的女子深抱杞忧。

（六）长沙《湖南日报》佛兰克君《论厚生纺纱厂在湖南招女工事》

上海厚生纱厂在湖南招女工的事，我连日在本报与《大公报》上看了许多议论，触发我也要说几句话。柏荣、畅吾、亚文三君所提出的许多问题，有了樵仲君和黄君问答的一篇，固然可以解释一些，但我觉得所解答的还不十分满足，就是兼公君也只说“多少总可以解除一点”，可见兼公君也觉得不十分满足。我且把我觉得不满足的写在下面：

(1) 黄君说因中外纺纱业竞争，不得不日夜循环作工，我说何不减少工作时间，增加工人，那么所出的货也可以多少相等。

(2) 黄君说恐女工中有非实心工作者，故必限定三年方可出厂；我说如果女工到上海不久，家中忽发生丧事，或自己有病痛，与别的原因，工厂能不能许他回家？

(3) 黄君说女工以休息时间作洒扫等事亦可，我说每日除十二时作工外，究有多少时间可以休息？纵说有休息时间，在这时间内又要作洒扫等事，究竟是不是休息？还有一层，那些甚么书算、簿记、游戏，就是支配在黄君所说的休息时间内呢，或者另外更有时间？

(4) 黄君说三年之后，不愿留者听其自由；我说解散军队，政府要护送他们回籍，如果有女工三年之后不愿留者，工厂能不能设法送他们回湖南？倘若不能，那时女工有因困于经费，不能自由回籍者，又怎样处置？

(5) 黄君说招女工必须身体强壮者，为的是怕有损害；我说就女子的生理上讲起来，任他如何强壮，到了月经的时候，总不能过劳。那么每日如何能作工十二时呢？且又如何能作晚工呢？据研究体育的人说，女子到了月经的时候，学校中的体操课都不能上，因为过劳了有碍于生育，何况到工厂中去作长时间的工呢！厚生纱厂能不能担保女工的身体没有损害？

在上面提出的五条，是我对于黄君答樵仲君的话，再进一步的疑问。此外畅吾、亚文、柏荣三君的问题还很多，或者别人更提出什么问题；黄君既然来办招女工的事，想要免人的疑虑，不能不把这些问题解答明白。我并望大家注意，因为一方面关于五十个女工的本身，一方面关于中国的工人制度，这事很有讨论的价值。

我今日听得人说，黄君看见报纸上研究这宗事，说是书生只晓得做文章，不知道事实。我请问黄君，你的事实到底是怎样，你自己能不能照女工这样去作工？

我又听得说，女工报名的已有百几十个。像湖南这样生计困难，莫说只招五十名，就是要招五百名也有；莫说每月有八元的工食，就是更少一点，也有人愿意去；莫说每日作工十二时，就是再长一点，去的人也不得怨劳苦。因为各人只自揣暂时可以解除生计上的困难，日后的怎样，恐怕未研究过。如果厚生纱厂能满足我们的问题，能保障五十个女工后来不至受损害，他那“念”“让”两层当然感激不尽。否则兼公君不敢担保的这种意味，总有些令人想到那上面去。

金钱万能，我知道湖南五十个女工一定会到上海去。书生的文章，黄君或可掉头不顾。不过我所说的，要请大家注意罢了；要求厚生纱厂应允兼公君代女工所作的请愿书罢了。

（七）长沙《湖南日报》负厂君底[①]《研究厚生纺纱厂招募湖南女工问题》

上海厚生纱厂在本城招募女工的问题，已经有柏荣、亚文、佛兰克、畅

① 旧同“的”。本篇下文同。

吾诸君的研究发表在前了。这种作工十二点钟的问题，在今日正提倡劳动主义的时间，原与吾人有研究的价值；我自己就很穷忙，抽了这么几个钟头，也插进来研究研究。有人说道："你们研究你们的，那怕你们的笔写秃了，他们招工的还是招工，应募的还是应募；他们瞧见了你们所发表的意见，还说你们是书呆子，你们何必苦苦的来研究呢！"这个话固是不错，他们招工的，我们也没能力去干涉；他们应募的，我们也没能力去干涉；不过是一个问题出来，我们负着有研究知识的，应当充我们力量去研究；至于实施，是在社会上的觉悟，我们的研究，也是要促社会上觉悟，他们听不听，他们行不行，我们暂时不管；只要有研究的价值，我们还是要研究。

工人作工，就实际的研究，也不宜有十二时的操作。就是在劳动会议以前，世界各国也没有超过十二点钟的。今将调查的结果列表于左①：

工场种类		就业时间	休息时间	劳动时间	每周劳动时间
日本	纺织工场	十二点钟	一点钟	十一点钟	六十六点钟
	机械工场	十点钟	一点钟	九点钟	五十四点钟
英国	纺织工场	十一点钟	一点钟	十点钟	六十点钟
	机械工场	九点钟	一点钟	八点钟	四十八点钟
德国	纺织工场			九点半	五十七点钟
	机械工场			九点钟	五十四点钟
美国	纺织工场				五十八点钟
	机械工场				五十四点钟

照上表看来，就把八时制丢开不说，也不应该有十二点钟的工作。况且还有多数的工厂，有优待女工的一条："凡女工可以迟进工厂半点钟，早退半点钟。"因为女子体力软弱，所以特别的注意。现在厚生纱厂要女子作工十二点钟，对于女子的身体有没有妨害呢？

再进一步，就细心实际上的考察，劳动时间太长久了，对于工人的身

① 原书竖排，从右至左读，故曰"左"。本篇下文同。

心很有妨害，所以劳动率也随着减低了。换一句说，就是工人劳动过久，精神也就疲倦，工作也就迟钝了。不但是迟钝，还有粗糙的毛病；因之所制出的物品，也就要比较的恶劣。据阿制柏氏在寨集工厂实地研究的结果，说工作八点钟与工作九点钟的比例，与一一六·三与一〇〇之比[①]；照这样说来，工作八点钟所得的结果，比工作九点钟所得的结果还大。因为多作工一小时，工人的精神日渐多一份的消耗。起初进工厂的人，是没有熟练的，作工速率自然比较的迟钝些；及至熟练的时候，精神也就和时间消耗了许多，所以工作还是要迟钝。又有人说，精神是愈用愈出来的，这句话是指毫不用精神的人说的，不用精神的人，精神渐次退化；过用精神的人，精神渐次消磨；“过犹不及”，所以每日操工过多，也未必就有许多的益处。这是就厚生纱厂方面说，也不宜有十二点的工作咧。

我前年在上海斜桥方面住了三个多月，瞧见各纱厂的女工，每日进厂总约在七点钟左右，出厂总在五点钟左右，共计还不到十一点钟的工作，为什么到湖南来招工，就要有十二点钟的规约呢？呵！我明白了，我从前在日本各工厂实习的时候，瞧见朝鲜人是操十二点钟以上的工作，大约湖南对于上海是亡国奴！

前次万国劳动会议，提出中国的工人每日操工十点钟的一条，我们还要起来反对，现在居然自己家里人，还不把家里人当人，只说望外人来提起，怎么能够呢？唉！我也是中国的一个工人，仔细一想，我非常伤心！

工人的劳资，固属以其工作的能力而定；但各地方的情形不同，生活的程度不同，劳资也是应该有差异。这些女工（应募的湖南女工）虽说是在本地只得一元两元一月的工资，他们却实实在在的得着这么一元两元；现在上海地方生活的程度何如，除房租外，每人伙食，月需至少四元左右，不要衣鞋袜穿吗？不要零用吗？每月八元的工资，试问能够剩下许

---

① 今习惯写作116.3∶100。

多[1]呢？设有意外的事，又怎么样呢？照这样的说来，湖南被募的女工，只是白白地替厚生纱厂作了一场工，若是被募女工的家里希望补助，还是没有。咳，可怜！

厚生纱厂待遇工人的话，也只是糊里糊涂的几句。数十个工人将来没有病的吗？没有死亡的吗？没有意外的事吗？在外国工场法规，都明定有保险、救恤、扶助的章程，并有种种保护生计的设备；厚生纱厂招工章程上全没提起，这也是我应该替这些女工质问一句的。

（八）长沙《大公报》黄醒君论《纱厂中女子作工的体育问题》

厚生纱厂招女工，供给我们讨论社会问题的一个好资料。我本是个好事的人之一，天职上应该哼两声。我的朋友盛野人在两礼拜以前，就和我作过三小时的共同研究；结果是要向他的大本营作正式的总攻击。近几天柏荣、新城两位同志忍不住了，稍稍发表了一些意见，我还是装聋，不则一声。前天柏荣君单点我来研究这问题中的体育问题，我正写信给他，申述我的意见，恰好代厚生来湘招工的黄本操君来了，我告诉他正预备答复杨君，他要求我牺牲写信的时间，同到大公报馆去，邀集舒、杨作一个总解说，以图时间经济；装聋的我，当然赞成此举。不料经过解说之后，兼公定要我做一篇收束这问题的文章，我这聋还是装不成，只得说几句良心话，应个景儿。

（1）工作时间长短与体育的关系

工作与体育中第一个问题，就是时间的长短。但是时间的可长不可长，是要看这种工作使用力气的多少，就是使用的是大肌肉还是小肌肉，以及疲劳的状态，更要看这工作者的身体元气，工作时的环境，工作中的休息，及使用元气的调和，食物中的养分种种方面，才能得实在的结果，才能下适当的批评。大概使用大肌肉的工作易感疲劳，须多得恢复疲劳[2]

① 当时用法，相当于今“剩下多少”的意思。

② 原文如此。

的次数；使用小肌肉的工作难感疲劳，须有使用大肌肉的机会。

据黄君所指定纱厂中女子的工作，是使用小肌肉又不变化的，是在屋子里不洁空气中的，是用脑力较用体力十与一之比的。这种工作，在常时——即三五年中——身体上决不致有显著的病态。资本家的发财欲和劳动家的生活欲两方造成一种最长时间的工作例，现在稍明事理的人，都知道他不卫生，我也不赘说。

（2）日夜轮工是否合于卫生

日光中空气和人的关系，正同河海里的水和鱼一样。据黄君称，工厂因成本和出品的关系，势不能停机，不停机当然作夜工，作夜工是人所不愿的，所以定作一礼拜日工一礼拜夜工的轮替制。每天在交替在第六时及第十八时的时候，请想第六时天才见光，第十八时天日要黑，作日工的这六天中每天不能和日光中的空气有十分钟的接触，等到下一礼拜轮着作晚工了，虽说可以接触日光，又不能不睡，请问社会的习惯，许不许女子睡在露天日光的地上？

还有这轮替上有一个极大的问题，就是一个人在第一礼拜中是晚上睡，第二礼拜中是白天睡，能不能成习惯？资本家说，只要给他钱，没有不可能的事，似乎这种习惯不习惯不成问题。但是一个人起居没有习惯，是卫生学上最忌的。

（3）体格健强就不会弱吗？

黄君说，这次招工极注意身体，但我要问黄君，鉴定他们健强的标准如何。现在假定有极完善精密的检查，有一女子，其健强等于健强男子，我也有些疑问。

假定有一夜很冷，这冷的一夜中有一个最强的女工，他身体上正营他那特殊工作，试问这工作受凉后在身体上的表现和健强上的关系如何？这要请资本家去问一问他家的太太。

假定有一女工当工作时候忽然内急，在事务上万不能离身，势必忍着。这种忍着的事实发现得多，每每发生便秘的毛病，就是长时间的坐和站的人，也多有病患便秘的。便秘虽不是显著的大病，究竟和健康的关系也很大。这也要请资本家去问一问他家的太太。

关于妇女生理病上的致病原因，我不是妇女，也数不出多少。资本家是靠劳动家吃饭的，工人不健康，间接就要损伤资本，资本家也知道要注意的。至于中国女子的体格素弱，更是要特别注意。然而我说这些，又近迂腐，我且和资本家算一个帐①。

女子生理上，比较男子多一件事。这件事在轻巧不使用大肌肉的工作虽说无碍，但是他总不能说不为这件事占去一些时间。工作的时间有规定，那么处理这事的时间一定是从睡眠或休息中匀出来的；如果是这样，他的睡眠或休息的时间内每月最少要比男子减去三点钟。现代的习惯，女子还不曾剪发，为束发每天最少要比男子减少睡眠或休息的时间约二十分钟。有多数女子的脚，不曾完完全全解放，就是最不爱清洁的女子，每个月也要洗两回脚，但洗脚的时间，比男子最少要多费半点钟；这时间也是从睡眠或休息中匀出来的。现在假定有一个女子，他的元气和强健男子一样，同在一个工厂里作同样的工作，照上面的计算，三年中要比那男子减少睡眠和休息的时间五百零九点钟，请问这多做的五百零九点钟的工，究竟耗不耗他的元气？此外的一切暂且不问，只请那靠着劳动家吃饭的企业家解答这一个小节，何如？

我写到这里，我自己的事已经耽搁了不少，我想再写也是白费纸笔，体育以外的问题，我也不懂。黄本操君昨日的答解如何，我不能抛却我忙不过来的时间精力，替他当记录。好在他现在还在长沙，要知他的内容的可去问他。

一九二〇年一月三十一日十五时作

① 旧同“账”。

（九）长沙《大公报》兼公君论《厚生纱厂招工问题论辩的结果》

这几天内，讨论上海厚生纱厂在湘试招女工这个问题的，有柏荣、樵仲、亚文、畅吾、弗兰克、未醒、负厂诸君，都在本报和《湖南日报》上发表了意见；除樵仲君一篇外，都是对于该厂招工办法十分怀疑的。

我和杨积荪君的意思，甚想该厂经理招工的黄本操君做一个书面的总答复。黄君为节省时间起见，却邀集了柏荣、畅吾、未醒三君，在本馆开了一次谈话会；谈话的结果，想必是一般阅者所急要知道的，待我逐项写在下面，作一个论辩的小结束。

（1）工作时间长短问题　本题中最关重要的就是这一项。黄君说："十二时工作，是上海各纱厂现行的通例，并非厚生一家如是，也不是对于湖南女工作工时间的特别办法。"据此说，这个问题就不是黄君一人所能解答的了。我们解决这个问题，须要顺着世界潮流，如未醒君所说的"对他大本营中下正式的总攻击"。

（2）工作劳逸问题　黄君说："女工在厂工作，如接纱摇机之类，都很轻快。"据此说，劳是不顶劳的，但因此便发生了一个卫生不卫生的问题要待商量了。

（3）工作时间分配问题　黄君说："纱厂日夜不能停机，工人又不能日夜工作，所以才规定一个七日轮番交替的办法。"这个办法，据未醒君说是很不卫生而且很不习惯的，不过也不是黄君一人所能解决的问题罢了。

（4）工资增减问题　黄君说："八元是该厂工资的最低额（指非童工），虽说视能力增减，事实上是有增无减的。"但是事实上既然有增无减，又何必标出一个"减"字来惹人疑惑呢？

（5）火食问题　黄君说："上海工人火食，每月至多决不过四元。"假使食用不过四元，那么每月八元的工食就也勉强可以支持了。

(6) 特别补助费问题　这项也是关系很大的。据黄君说："照厂中规则，工人疾病，由厂备有医药[1]；但不作工须按日扣薪。工人不幸死亡，由厂按照原工资酌量给予以三月至五月之抚恤费。"因为招工时未曾声明，所以才发生疑问；于今说明了，这项问题算是得到了圆满的解答。

(7) 修习时间分配问题　据黄君说：传单上载的书算、簿记、游戏等，是他特拟的。他拟组织一个勤工会，合五十个女工做一个团体，于星期日修习上述各项工课。柏荣君因他没有特别声明，所以发生时间分配的疑问，这项算是误会。

(8) 契约问题　这个问题（就是限制作工三年），畅吾君认为最关重要，我也认为最关重要。我质问黄君，如果女工三年内有正当事故必要辞工回籍或他去，硬不行么？他回答硬不行。这项问题算是完全没有结果。

他们的谈话，我替他纪录完了：除（4）（5）（6）（7）四项不必再说外，我还要批评几句，请黄君转达厚生纱厂：

(1) 八小时制度，据报载，日本已经得了大多数资本家的同意，也快要实行了。黄君说的东亚问题，不久就会成了单独的中国问题。中国工业集中点在上海，穆藕初君虽不算资本家，却还是个有体面的商人，应该有较先的觉悟。

(2) 工人身体健康和业务生产是成正比例的，经营工业的人丢开人道主义不说，利害总应该有个通盘的打算；纱厂日夜不能停机，分做三班工作就不行吗？

(3) 限制作工三年的契约，固然是他们自己承认的；论契约的效

---

① 原文如此。与今表述方式不同。

力，他们固然应该受条件的拘束。但是一个人的身体行动自由，至于要受三年的拘束，这和有期徒刑的罪犯作工有何区别？你怕他们作工不满三年，厂中要受招工和旅费的损失；他们既有有力的铺保，难道和他们订一个半途辞工赔偿损失的预约就不行吗？

俗语说："事不关己，休要提起。"我想当局的人必定要怪我们多嘴的。只是这件事不能说我们完全没有关系，我们当这"劳工神圣"一片响亮的声中，总想替企业家和劳动者谋个双方永久的安全罢了。

（十）穆藕初《答复讨论厚生纱厂招募湖南女工问题诸君书》

黄本操君与棉业接近之原由：黄本操君肄业于上海清心实业学校时，闻予名，通信白所志，并得校长之介绍；晤谈后，觉黄君性情殊爽直，有骨节无习气，故录用之。助予办理植棉事已阅三年，终岁勤劳，毫无倦态，予颇信任之；盖黄君能自食其力，不务虚名，实现时青年中不可多得之士也。

纺织业与民生之关系：予在上海创办德大、厚生两纱厂，现有工人二千七百名，年内又须添雇千余名；又在河南郑州开办豫丰纱厂，年内在该处又须陆续雇用工人约三千名。顷接厂员来信，述及开招未及旬日，已得应募工人三千八百余名，已溢额；内地民生窘迫，工人无虑缺乏，于此可见一斑。盖纱厂内每万锭子，需用工人六百余名。各工人为直接向厂中领工资以裕其家计者。如本厂附近居民，一家数口，四分之二三在厂工作，而地方上间接因以裕其生计者且倍蓰焉。故予深信欲救中国之贫弱，舍振兴各种主要实业外无他道。盖平民生计不宽裕，即不能使地方进于治安之轨道中也。

纺织业扩张原因及招募湘省女工之动机：自欧战迄今，我国民之受其影响而蒙其损失者，不知凡几。即以棉业论，美、印、日诸国咸注力于供给欧洲之缺乏，致我国市场上棉织品大为减少；每包十六支纱向售百两者，今售二百两，而直接蒙其害者，我国民耳。于是纺织同业，急起直追，尽力推广，故予亦有添招女工之举。夫我国人口之众多，生计之奇窘，资本之难募集，工业之不发达，已成各地方通病。上海工厂林立，就浦滨一隅观之，今后新厂勃兴，或有工人缺乏之感。但距沪甚近之苏、松、常、太各属，人烟稠密，招工至便易，而黄本操君乡土情长，念兵燹之后，生活艰难，陈请试招湖南女工若干名；予亦以湖南第一纱厂筹备迄今已六七载，将来开工有日，而熟手工人不易募招，即所受困难当必不少；以此两种动念，遂发生委派黄君就湘省招募女工之事。

顷因招工问题，而柏荣、亚文、黄醒、未醒、畅吾、佛兰克、负庵诸君之发表意见，樵仲君之问答等记载，叠在长沙《大公报》《湖南日报》阅悉，名言卓论，至为佩纫，惟间有误会处，予系当局者，请向诸君子总解释之可乎？

（1）人格问题　按商业习惯，无论在何店号、行铺就事，总须有荐保。此次所招女工，更宜仔细，故请具愿书，并请家长署名及铺保，亦以杜流弊而免招清议也。而亚文君以为把五十女工做人的权利取消，予以为亚文君确系书生，于职业界习惯法未甚明了，故发此愤言耳。

（2）工资问题　上海纱厂女工，十年前熟手工人每日工资约一角七八分，五年前二角四五分，现时三角左右，膳宿自备。工值之级增，固因地方生活状况而起变更，一视乎大势所趋，固不能以一部分之意思故作低昂也。今本厂试招湖南女工，允给八元，并允以量工作情形加增，本厂允给此数，此种待遇并无故抑之处。西谚有：“世界不知汝为谁，但问汝能作何事。”湖南女工工作能力如何，责任心如何，其果能胜任愉快否，尚未可必，而诸君子先斤斤于工资之多寡，其毋乃太不近情理乎？予敢忠告提倡劳动问题诸君，务须先谋增加工人之工作能力及责任心，则工资之增加自然随之。若徒唱道[①]多给工值，而不问其工作能力之大小，责任心之有

① 今作“倡导”。

无，此唱彼和，认其为新思想，而相率提倡之，实业界中固直接蒙其害；因此而投资人多所顾虑，工业振兴将无望，国货空虚，外货愈得安然占据我腹地之市场，制我全国之死命，然则社会国家亦间接蒙其害焉，此岂非大背诸君子爱群爱国之初衷哉？

（3）工作时间问题　工作十二小时，似乎太长；而负庵君引证阿制伯氏纱厂公理之研究，以为九小时之工作不及八小时之多，此言也，予甚韪之。予前曾译述美国戴乐尔君所著纱厂适用之学理管理法，于纱厂各别之性质，以迄工人工作时间支配之异点，知未可混视也。设使负庵君以学问家而组织纱厂，实地研究，必恍然于阿制伯氏之所云仅适用于剧烈之工作及简单机械之工作，而不适用于纱机之工作。盖纱机开车后，除落纱外，日夜轮转不停，工人仅从旁监视，如有断纱即行接上，每经若干时间，略行车面整理而已。摇纱女工虽工作十二小时，然此系按件给值，勤敏之人出数较多，则得工资亦较多。其中休息时间之多少，亦视乎其人工作勤敏之程度而分之。本厂纺而兼织，织厂内可以适用八点钟之工作；然而我国各布厂女工，大都要求工作至十三小时半，盖工作时间愈多，而工人所得工资愈多故也。湖南巨绅聂云台君为我国工业巨子，经理上海恒丰纺织新局多年矣，纱厂内工作十二小时，布厂内工作亦十三小时半，全国工业工作时间大都如是，间有更长于此者；不识研究厚生纱厂招工问题诸君子，亦曾将国内纺织业大概情形一一研究否乎？负庵君曾例举上海斜桥工作情形，以为该地纱厂工人仅作十小时，岂知该处并无纱厂；负庵君所见之女工，谅系丝厂或肥皂厂工人。但丝厂当新茧上市、新丝销路畅旺之时，竟有延长工作至十五小时之多者，不识负庵君曾确实调查及之否？按前年底调查世界工业状况之报告，英国有纺纱锭子五千七百万枚，美国有四千二百万枚；英、美固仅用日工者，日本人口仅及我国人口八分之一，有纺纱锭子四百万枚，日夜开工；而我国今日仅有锭子一百五十万枚。此一百五十万枚中，尚被日商、英商占去七十万枚，完全为我华人所有者不及百万枚。予亦甚愿仿照英、美成例，不开夜工，不识诸君子将以何术赞同之欤？研究全国人口及纺纱锭数，不识诸君子有动于中否？予深愿湖南第一纱厂早日开幕，以便诸君子就近研究之。而负庵君愤愤然谓厚生纱厂以日本待高丽之手段待湖南女工，呜呼，何其言之沉痛而有余恨竟至于此！此种论调，设使聂氏闻之，不识作若何之感想也！

（4）卫生问题　予留美六载，曾工作于纱厂矣；机轮飞转，花丝腾布，而清花间为尤甚（清花间工作非女子能胜任，故均系男工）。然欧、美先进国不曾以不合卫生而停办纺织业，卫生机关亦未尝以此种职业有碍卫生而停止其营业。盖工厂中之卫生与住宅中之卫生不同，工厂中之卫生但求厂屋高爽，光气充足，随时收拾洁净，毋使尘垢堆积，以及屋内温度依时调剂使之适宜而已；若住宅中之卫生，在力求阳光充足、空气鲜洁之外，更在怡心悦目上有多种之布置，工厂卫生固未能以住宅卫生相例也。如仅就工厂而言卫生，则本厂在构造上已具充分之研究，任何工程家及工厂卫生研究家之曾来参观者，俱无异辞，故予甚望凭空立论者作实地之研究也。且予曾游煤矿矣，入地数十丈不见天日，空气阻塞，呼吸为窒，在矿穴工作之人，浑身污秽，几非人类；然素讲卫生之欧、美各国，亦未曾芟除而封闭之。兵祸连年，内地人民之转辗沟壑者，饥不得食，寒不得衣，何以救之？在乎使有生业而已。工作即使不尽合卫生，不较诸穷无所归之为愈乎？拯斯民于衽席，固吾人之天职，然拯救之道至不一，有创办实业以裕多众生计者；有振兴教育增加各人生活能力者；有研求科学增多国家富力者；有研究经济自卫，努力增进需要品出数，而力拒外货之侵掠者：殊途同归，慎勿谓纺织界拯救时艰之主义偏落诸君子后也。

（5）医药问题　本厂每年夏秋延医给药，非但在厂工人有此权利，即附近居民亦受此便益；且并联络同仁医院，如有疾病，随时送去诊治，医药费由厂供给；工人如有不测，并定有周恤办法。此外，对于勤务工人规定出数标准，随时奖给。又如工人储蓄之奖励，及工人子女之义务教育，无不推行有素；招工简章中无一一详列之必要，其应募工人亦断无歧视之理，此则可释诸君子之疑虑者也。

对于有志研究工业诸君之期望：负庵君借旁人之口气以为书呆子发表意思，怕没甚相干；佛兰克君一再谓书生文章，真不值价，书生文章掉头不顾。呜呼过矣！至理名言，值价自在，惟一涉揣摩，易失根据，其不发生真价或未可知。今日赖以救时艰抒国难者，惟望一辈开明人发挥有经验而公允之言论；予更望诸君子由言之时代进于行之时代，盖力行后而言论愈生真价也。予虽与诸君子未曾晤面，然深信诸君子均一时名彦，对于国计民生上，将来必有绝大之施设；不识诸君子亦有志游历全国各大都会，悉心考求民生之现状及工厂之真相否乎？古代名士大都遍游名山大川，然后发抒其雄壮之言论，为多士所折服；今代名士除遍游名山大川扩展其见地外，尚须对于所乐研究之事业，置身局内，实地考察，然后遇可改革者设法改革之。“不入虎穴，焉得虎子”，古来大建设家大改革家，泰半出自力行队里；一旦大功告成，述其经历，著为巨帙，海内外自然争先快睹，纸贵洛阳，言论之真价固有如是。夫我国人口如此其众多，工业如此其衰微，资本之结合如此其艰难，国民生活常识及工作能力如此其幼稚；而年来颇有一辈学者，摭拾泰西之糟粕，仅作片面之言论，劳动问题之精义如何，自有史以来，资本家压迫劳动家之手段如何，我国劳动家和各国劳动家比较之下所处地位如何，知识程途[①]如何，工作能力及其责任心如何，社会多数生活之现状如何，国内[②]需要之度数及自给仰给之现况如何，概未加以详细之思考；而惟知趁快一时，发挥不负责之论调，耸人听闻，以谬传谬，盛唱此自杀主义，予不禁为祖国实业前途悲也。予并非资本家，深慨乎我国实业之衰微，思所以补救之；故不惮烦劳，敢忠告一辈学者，自今以往，脚蹈实地[③]，不向空际捉摸，力从实处研求；宁以行胜，勿以言胜；救国爱群之要道，固在此不在彼，质诸诸君子亦以为然否？

---

① 原文如此。今作“程度”。

② 原文作“内国”，疑误。依文义改为“国内”。

③ 原文如此。今作“脚踏实地”。

（十一）叶之乔君《为厚生纱厂招工事致自治女校教职员书》

玉笙、秩庸暨列位先生同鉴：

阔别经年，未闻近况，想职业女校艰难困苦，赖诸公努力撑持，总须留此基础以为发展地步，且感且祝。

前闻有黄本操君在我校为厚生纱厂招女工五十名赴沪工作，嗣见湖南《大公报》有怀疑之论文，因此女学生中函询沪上情形，各同乡处均有此事实。弟接家缄，小女云珊亦在考取之列，准阴历正月初四齐集首途，乃不能不为详密之调查，以为我女同胞告。

厚生纱厂为江苏穆藕初君所办，此君经营实业历有年所，纱厂成绩至优，现又在河南郑县开办豫丰；盖本一留学美国生，对于中国实业前途，具有宏旨。昨特访此君询其于湖南招女工之意旨，渠谓各处女子生活都艰，贵省尤甚，且湖南纱厂问题亦有所闻，然将来开办，骤招五六百名之有经验女工，事有所难，渠实对于纱厂之营业，应尽互助之担；只于本厂（谓厚生）经济无所损失，未有不慨然为之者。此可见穆君确有社会心理、实业眼光，不可以小人之腹度君子之心者也。

至于工作诸问题，特请其介绍亲赴该厂参观。今日会同工场[①]稍有经验之友人同往，察看该工场之建筑，俱照西式（厂在杨树浦兰路，距离上海繁盛市场二十余里），空气流通，宏厂阔大；所使用者均系电机，略分清棉、粗纺、细纺、织布四大部。其清棉各机均用男工，使力较重，与我调查之旨无涉。其余三部均系女工，略杂有十二岁以下之小童；其余则男女工头负管理之责者。每女工一名，照拂一百二十支纱锭，无非脱纱接纱，纱完换筒诸工作，手脚须轻且快。据云愈细纱手愈需灵，弟见各女工于其最粗摇纱工作时需略用腕力外，绝无痛苦之运动，行坐自由。惟机声

① 当时用法。依文义今当作“工厂”。本篇中“工场”“工厂”并用，为保持原书风貌，均从原书。本篇下文同。

以外，不闻人语。织布机每女子一名，照拂两机，较之我校人力机，不惟事省功倍，其活动甚有兴味。工作十二时者以昼夜分为二班，其办事人云：渠等初来工厂，夜班亦有所苦，迨习久亦觉甚自然。且星期停工，原有休息之候。至于疾病，另有工场医院，惟上海女子多数不以西医为然，遇有疾病必请假归自医，亦无不准者。此次对于湖南之女工五十名，另于附近租有房屋，可省小车之往还。惟伙食一节，必须女工自为组织，厂中难负此责任。来往盘川，系为特别优待，而于工资中已扣除之（厂内女工本每日三角，以月计应得九元；招工章程订为八元，川资业已除去）。其来年已另筑房屋，将来女工概可住厂中寄宿舍（房屋建筑弟亦亲见，惟阴历二三月方可完工）。

此调查该厂实在之情形也。就我湘女同胞言之，其在高小以上之学堂，有志向上，无须练习此项工作。如家庭经济不能再施教育，或为劳工神圣之学说激刺脑筋，与其他之有志于工场作苦规模者，则此为极有秩序、极有计划与发展之工厂，可无疑虑，无负此次招工者之希望。

再有一言为我同胞告，湘人数十年前兵幕官三项，寄食他省，动以万计，今则何如？若不改变方针，从事工商，其以经济自杀，不待国亡种灭之日。

此五十名女工须抱有绝大牺牲之愿望，为各省女工树其模范，庶湘人勤苦耐劳与自重人格之名誉，日驰千里；则不独穆君现在在河南仍招湘工之说，而各处之纱厂丝厂蚕业需用女工者甚多，无使过绝生机，此其大有望于诸姑姊妹者。若以到上海耍玩与学习时妆为目的，则为挡驾，必不能坚决久留，而为我女界留一污点，甚无谓也。

至于我校染织班与缝纫科，报名考取者诸公可敦促上道，凡为弟负责之调查报告，应否登诸公报，诸公酌之。

两日来调查该厂营业情形，极为欣慕；而该厂机器不过容得一万锭，回思湘人之纱厂能容四万锭，彼中人亦称道不置；而厂业何如，机锭安在，令人不禁潸然泪下耳！

黄本操君、穆公见我时，犹汲汲称道渠，谓为湘人之最可信任者，彼有令妹尚在纱厂工作，此次顾念桑梓，诚为道德。并闻何雨农君护送女工，甚善甚善。此请道安。惟照不具。

叶之乔顿首

二月廿日

（十二）柏荣诸君《复厚生纱厂穆藕初君书——招募湖南女工问题》

二月二十三日之《时事新报》，长沙之《大公报》《湖南日报》，均载有《答复讨论厚生纱厂招募湖南女工问题诸君书》，业经阅悉。穆君为我国实业界有希望之人，对于实业前途，抱有宏愿，毋任佩仰。吾辈（柏荣、亚文、黄醒、未醒、畅吾、佛兰克、负庵）对于贵厂在湖南招募女工所起疑虑，亦多经解释，良谢良谢。但尚有不能已于言者，特为穆君申详之：

(1)[①] 吾辈所当先声明者

贵厂派黄本操君来湖南招募女工五十名，吾辈提出此事于《大公报》《湖南日报》，互相讨论，原为研究问题，并非对于（一）提倡实业，（二）创办纱厂，（三）招募女工，（四）招募湖南女工，四项有所反对，特对于待女工之办法有所怀疑。虽《湖南日报》先有樵仲君与黄君一篇问答，又黄君曾邀吾辈至大公报馆当面解释，然黄君之言，究未解释明了。《湖南日报》之杨积荪君亦谓黄君所答异常含混，是以吾辈继续提出论文；不意黄君始终无一详明之书面答复，故吾辈中有“书生文章，黄君或可掉头不顾。……书生文章，真不值价”，及“湖南人对于上海为亡国奴”一类之忿语。若早知黄君与贵厂接近之原因与关系，渠不过贵厂一不能负责之办事人或工头，则深悔未先向留美学生之穆君请教。总之，吾辈所研究者，为招女工“办法”，非有他意，此当先声明者。

---

① 原文标题层级用法与今不同，为保持原书风貌，不做修改。

（2）吾辈为女工请愿者

湖南连年兵燹，生活艰难，饥不得食，寒不得衣，吾辈身历其境，不待穆君言之，已知非拯救不可。今穆君以一部分工额，让诸哀哀无告之湖南人，“登斯民于衽席”，大实业家之穆君有此抱负，宁非甚善？“纺织界拯救时艰之主义”，诚堪嘉许；但工制改革已成世界问题，东西各国之劳动家，知识较高，自能与资本家协商，以谋改进；若资本家绝不容纳，始有罢工之举。年来东西各国，罢工风潮，层出叠见，即工制不良之反响；吾国劳动家暂时固不至有此，而资本家为免将来罢工起见，则改良工制，当不容缓，并当先出诸资本家，毋待劳动家之要求也。纵不然，资本家为怜恤劳动起见，工制亦当酌量改革。此次贵厂招募湖南女工，美意固不可掩，然若能适用每日八小时之工作，减去夜工，并改良其他工制，岂非更美乎？

（3）吾辈对于答复不满意者

（一）人格问题　穆君谓“此次招女工，比店号行铺就事须有荐保者更宜仔细，故请具愿书，并请家长署名及铺保，所以杜流弊而免清议”。今请问穆君：流弊云何？清议又云何？岂欲借此工人自行承认之单方契约，以杜工人不服从之流弊欤？又欲借此契约以间执人之口，一任资本家压迫劳动家，而人不能议其非欤？且就事于店号行铺所以须有荐保者，不过恐遭银钱货物之损失耳；岂此五十名女工将恐为祸于贵厂，更有甚于此者，而必须更加仔细乎？吾辈之所谓仔细者，在工作时间之长短，是否有害于身体；在所获工资之多寡，能否维持其生活；在疾病或死亡之特别情形，将否另给补助费。此三者，《大公报》之兼公君代表女工所请愿于贵厂者，亦即吾辈研究问题所应当仔细者也。岂料穆君之所谓更宜仔细者，在彼而不在此乎？且即以招工办法论，每月工资八元，限制三年工作，并须自具愿书；自具愿书之不足，而必须家长署名；家长署名之犹不足，而更益以铺保；女工对于贵厂之单方契约，如是其严；而贵厂之对于女工，不过因其工作，月给工资八元而已，此外更对于其本身其家长负有责任乎？否则此五十名女工，不犹卖与工厂作工乎？似此不平，直以人为物；况所谓杜流弊免清议者，将不知若何待遇，而犹得谓女工有丝毫做人之权利耶？吾辈只知职业界习惯法之成立与遵守，必有其理由；若不合理，则虽为习惯法，吾辈亦必加以批评；若不论习惯法之良不良，惟仿而行之，固有知识者之所羞为也。

（二）工资问题　穆君谓“工资因地方生活状况而起变更”，固属不错。以上海十年前、五年前之纱厂女工相例，现在每日三角左右，固视前有加；但每月工食银八元，必三年后方能出厂，能保此三年内上海生活程度不至增高乎？纵生活程度增高，而在此三年内之工食银亦不能增加乎？据招募女工简章云：“每月工食八元，依工作能力得增减之。”若贵厂谓女工工作能力不高，不将每月八元之工食银亦不能得乎？前黄君云：“有增无减。”今穆君又云：“量工作情形增加。”姑无论有减无减，即今日有增加，亦系“按件给值”之办法，岂不知“按件给值”为工制不良之点乎？穆君又谓“工资随工作能力及责任心而增加”。试问工作能力有何标准？岂每人每日作工十二时，月仅值八元乎？岂非工作能力得由贵厂任意认为高低乎？至于责任心，固与工资为正比例者也。金钱万能，世界劳动家固赖资本家以为生活；贵厂对于工人之生活不能有明确之保证，而先斤斤于工作能力及责任心之有无，其毋乃太不近情理乎！

（三）工作时间问题　穆君以阿制柏氏之所云，不适用于纱机之工作；殆谓纱机之工作，即可日作十二时也。吾辈前在《湖南日报》列举东西各国工作时间，日本纺织工厂依工务局所定，每日工作十一时；英国纺织工厂为十时；德国古刺德巴纺织工厂为九时四十五分；美国纺织工厂，有每周少至五十八时，多亦止六十六时者。今更列举，幸毋与各国机械工厂之劳动八九时者相混视，而谓机械工厂不能不八九时，纺织工厂虽多至十二时亦无损也。况此次国际劳动会议，议决各国劳工制，欧、美各国日作八时，日本九时，中国十时。纵令中国经济生活习惯之不同，以特殊国自解，不能如东西各国，而每日十时之工作，则应遵循之者。此次国际劳动会议，我国劳工未能完全觉悟，致未遣派代表；即资本家亦无代表出席，致劳他人代谋，几欲侪我于暹罗、波斯之列，不亦羞乎？我国劳动家固未能完全觉悟，而资本家则应当觉悟者，穆君尚不知自行改革乎？至谓“我国全国纱业工作时间，大都十二小时至十三小时半，间有更长于此者”，在彼辈仅知铜臭之资本家，不以劳动家当人，而以劳动家当牛马者，原不足责，穆君自谓非资本家，开口即以留学美国相夸示，以留美学生，自应识世界潮流，自应对于此种不人道之工制具有改造之宏愿。若人之如此，我亦如此，则仅知铜臭之资本家与非资本家之留学生，有何分别耶？穆君又谓“我国各布厂女工大都要求工作至十三小时半，盖工作时间愈多，而所得工资愈多故也”。以此而论，益证“按件给值”工作制之不善。何则？工厂克扣工资，工人不能生活，不得不舍身工作，以求多得工资；而工厂即以此法强迫工人为牛马。若何厂克扣愈甚，则工人要求工作时间必愈长，岂仅日作工十二时乎？又岂仅十三时半乎？工人仰赖于资本家，为维持一时生活计，即欲其日工作二十四时，固亦资本家之所能也。穆君引女工要求工作十三小时半以作证，将谁欺乎？我国纺纱锭数，不及外人之多，言之诚为可叹；而我国实业家尚能办有锭子八十万枚，增进国家之实业，以与外人相颉颃，固亦吾辈所祷祝者也。然如穆君之意，现有锭子仅八十万枚，则工人不得不日作工十二时；若仅有锭子四十万枚，不须日作工作二十四时乎？穆君自云：“甚愿不开夜工，而苦于无术。”吾辈固知锭数太少，不能夜间停止进行；敢进一解曰：何不增加纺纱锭数？若一时赶办不及，又何不增加工人，作三班日夜轮替？纵开夜工，而工作时间则减少矣。穆君固以行胜者，甚望起而行之。

（四）**卫生问题**　吾辈前在《大公报》及《湖南日报》讨论卫生一项，无非根于工作时间太长所起之问题。贵厂在构造上，据云“已具有充分之研究”。此办工厂者所应有之事，穆君特出此语，殆欲借卫生问题以自矜其工厂构造之佳乎！究之佳与不佳，吾辈未尝参观，亦不得而知也。穆君谓“工厂中之卫生，使之适宜而已”。试问十二小时之工作，适宜否乎？又谓“欧、美先进国，不曾以不合卫生而停办纺织业”。试问欧、美先进国之纺织业，有十二小时之工作乎？又谓“煤矿极不卫生，欧、美各国未曾封闭”，亦知英国煤矿劳工，要求坑内六时坑外七时之工作乎？若贵厂先将工作时间问题解决，则卫生不成问题矣。

（五）医药问题　吾辈对于此问题认为必要，苟于招工简章中略一见及，当然不至提出讨论。然先后既有黄、穆二君之明白答复：工人疾病有医药，死亡有抚恤，则此已不成问题，然此固工厂中所不可忽者也。

以上五问题，除医药问题有美满答复外，其余吾辈皆视为不满意者。岂仅吾辈不满意乎，今日之研究劳工问题者，皆必不以为然也。此外尚有限制工作三年一节，不仅吾辈认为最关重要，即《大公报》之兼公君亦认为最关重要。兼公君曰：“一个人的身体行动自由，至于要受三年的拘束，这和有期徒刑的罪犯作工，有何区别？你怕他们作工不满三年，厂中要受招工和旅费的损失，他们既有有力的铺保，难道和他们订一个半途辞工赔偿损失的预约，就不行吗？”请问穆君，对此问题，如何不置一词？以此推论，女工既与有期徒刑之罪犯作工无别，则“取消做人的权利”一语，不更显明乎？女工之人格尚可问乎？且既有有力之铺保，而不许半途辞工赔偿损失，是则专借铺保以杜女工不服从之患，得恣意压迫之，不又显然可见乎？

且也，黄本操君云：“此次招募女工五十名赴申，资斧皆由工厂预备，每人并赠皮箱一只，面盆、网篮各一只；工厂所费实属不资[①]。”证之叶之乔君为厚生纱厂事致自治女校教职员书，何其不相符也！叶君曰：“来往盘川，系为特别优待，而于工资中已扣除之。厂内女工，本每日三角，以月计应得九元，招工章程，订为八元，川资业已除去。”川资既于工资中扣除，黄君何必作此欺人之语？更进而论之，女工月应得九元，今招工章程订为八元，以三年计算，则扣除三十六元，岂湖南、上海间之川资，需

① 前文作“赀”，此处引文作“资”。为保持原书风貌，不做统一修改。

如许用费欤？然多寡之主权，固在贵厂，即欲更少给若干，女工为愿书、家长及铺保所束缚，敢有所要求乎？穆君云："内地民生窘迫，工人无虑缺乏。"岂吾辈研究此问题，乃故与穆君为难，使招工不足乎？抑穆君幸内地民生窘迫，以工人无虑缺乏为得意乎？以穆君之资本势力，无虑五十名女工，即五百名五千名以至五万名，皆可满载而去也。此问题已经研究明白，自可听国人批评，资本家能否改良工制，亦惟视其有无良心与能否觉悟。

（4）吾辈所期望于穆君者

穆君固留美六载之学生也，吾辈对于留美六载之一学生，敢进最后之一言：

现代之劳动家，固恃资本家而得食，资本家亦赖劳动家以为生；资本家与劳动家立于对待之地位，此种粗义，穆君嗣后应知之。今日劳农政府之势力如何，主义如何，受人欢迎之程度如何，穆君嗣后应知之。劳工神圣之真理，资本掠夺之罪恶，穆君嗣后应知之。毋谓工人无责任心也，资本家之待遇适当，工作责任心自随之而增，否则岂仅无责任心已乎。要求不获，继以罢工；罢工不能，则以"萨波达举"相对付；此工人自卫之方法，穆君嗣后亦应知之。欧、美迩年因大资本家及大地主之专横，极端压抑劳动者，遂酿成阶级间之大决斗，致罢工之举，几日有所闻，此世界之大变动也。我国贫富之差虽不及东西各国之甚，然物质文明日益发达，将见富益富而贫益贫，劳动家受经济之压迫及世界潮流之影响，难保其不演东西各国今日之现象（上海三星纱厂近已发端）。此岂研究劳动问题者之咎，又岂劳动者之咎，乃资本家怙恶不悛，不知改良工作制度，过事抑压所制出之罪恶也。毋谓我国劳工现在知识未开，即可任意压迫。毋徒利己，取快一时，致将来不可收拾。更以人道论，亦当改革工制，为劳工谋幸福。若不及早觉悟，终自有解决之一日。"今日学子，大都尚空谈，不务实际"，诚有如穆君所云。如穆君者，既曾游美六年，且能自办工厂，应识世界趋势，对于工制问题，应担改革之责，不应再劳吾辈"书生及书呆子”（此穆君语）为之忧虑；而今竟劳吾辈“书生及书呆子”为之忧虑，不亦大羞新世界之留学生也乎？穆君又云：“摭拾泰西之糟粕。”然则须如穆君所主张之工作十二小时制，乃得谓为泰西之精华耶？吾辈固非留学美国者，而犹想趋向于人类进步之方面；虽云“糟粕”，犹二十世纪之糟粕也，较之连二十世纪之糟粕未曾梦及之留美学生为何如乎？挂游新世界六载之留学生招牌，不谋采取人类进步之新理，贡献祖国，而劳国内“书生及书呆子”代为采取糟粕，如此等之留学生，是亦大可哀矣！穆君又云：“发挥不负责任之言论。……盛倡自杀主义。”然则须如穆君招工要铺保，要家长签字，要本人填具愿书，方得谓之负责任耶？须赞成平民任资本家虐待，方得谓之非自杀主义耶？凡此荒谬之处，不值吾辈“书生及书呆子”一笑，亦不值有识者之一笑。吾辈兹奉劝一言，“收起罢”，慎毋再以“留美六年”四字相夸耀，贻留学界之羞。盖“留美六年”四字，只能夸示于床笫间，吾辈虽是“书生及书呆子”，而“曾经留学某国”数字，久已羞道。更望穆君从学问上着手，“一旦大功告成，述其经历，著为巨帙，海内外自然争先快睹”（皆穆君语），勉之，勉之，他日再见君之以“行胜”也。

（十三）长沙《大公报》真心君《读穆藕初君〈答覆[①]讨论招募湖南女工问题诸君书〉》

去年上海厚生纱厂派人在湖南招募女工的时候，我有许多朋友对于那纱厂的招工条件详加讨论，大都认为苛酷，当时我默无一言。何以故？因为我们要改变劳动条件，须向资本家下总攻击故。现在厚生纱厂的主人——资本家——穆藕初已有答覆书来了，我读了一遍，觉得他所讲的是“似是而非”，若再置而不论，则恍惚的中国社会，或者信以为真，那就为

① 前文为“答复”，与此处引述“答覆”不同。为保持原书风貌，不做修改。

害不浅了。穆君原文第一段与女工问题无关，可以不论。第二段所讲纺织案[①]与民生之关系，倒还不错；不过我们讨论劳动问题的人，这点知识总有了，可以不劳穆先生费心。第三段讲招募湘省女工之动机，确是番好意，我愿代表湖南女工道一句谢。第四段讲商业习惯法一层，已被朱执信驳了（见《星期评论》第三十九号）。至于第五、第六两段，讲工资及工作时间等问题，就更不成话了。特分别论之如左：

第一，**工资问题**　原文说："工值之级增，固因地方生活状况而起变更，一视乎大势之所趋，不能以一部分之意思，故作低昂也。"这话虽是不错，然而你们当资本家的总得要想想，你们每年的净赢利，不是几万几十万吗？这几万几十万，不是许多工人拿劳力替你们换得来的吗？为什么你们总不愿意多给他们几个钱呢？再进一层说，现在资本家的生活状况和工人的生活状况，是不是天来画分[②]应该如此的呢？你们若认定这个区别是命令的，是天经地义，我也没得话说了；不然，我就要请问你们，你们在上海每月拿八块钱，能够生活吗？能够有余钱养家吗？你们若是"不能"，为什么他们"能"呢？他们既不"能"，你们要强他们"能"，于是他们的生活不能不变为极悲惨的极痛苦的生活了。这就是"罢工""穿木靴"的大原因。原文又引西谚"世界不知汝为谁，但问汝能作何事"两句话，而推论到"湖南女工工作能力如何，责任心如何，其果能胜任愉快与否，尚未可必，而诸君子先斤斤于工资之多寡，其毋乃太不近情理乎！予敢忠告提倡劳动问题诸君，务须先谋增加工人之工作能力及责任心，则工资之增加，自然随之；若徒唱道多给工资，而不问其工作能力之大小与责任心之有无，此唱彼和，认其为新思想而相率提倡之，实业界中固直接蒙其害。……"留美六载的穆藕初先生，你这种话，是从前店东对徒弟说的话，不是"留美六载"的实业家应该向我们说的话。你既是一个"留美六

---

① 原文如此。

② 今作"划分"。

载”的人，应该知道“穿木靴”（萨波特举）是什么。那么，我要请问你，工资只有八元，为什么“先斤斤于工作能力和责任心之增加”呢？至于“实业界中固直接蒙其害……国家社会亦间接蒙其害”的话，又怎么讲呢？“实业界中”谅必是指资本家罢。资本家少赚几个钱，又何害于实业的发展？难道造福于国家社会的实业家，是专以谋私利为目的吗？老实说一句，只有利于少数资本家无益于一般劳动者的实业，不是二十世纪所应有的；中国的实业不发达则已，中国的实业若发达，只利少数而不利多数，那就是制造“布尔塞维克”的大原因呵！现在我们虽不高谈劳动者支配工场问题，到那时，劳动者支配工场的事，恐怕会要发现了。穆先生，你何必只把眼睛望着鼻子啊！

第二，工作时间问题　穆君原文说：“摇纱女工虽工作十二小时，然此系按件给值，勤敏之人出数较多，则得工资亦较多，其中休息时间之多少，亦视乎其人工作勤敏之程度而分之。”穆君既定了每月八元工资，每日十二小时工作时间，复定按件给值之制，是“按时”“按件”两种劳银支给法兼而有之；不料穆君留美六载，仅学了这种剥削工人血汗的本领，未免可叹！定工人每日工作十二小时，已经是冒“大不韪”了；还要说“出数较多工资亦较多”。像这样以工资之增加，引诱工人之拚命，是不是救国救民的实业家应有的态度呢？至于拿“休息时间的多少定工作勤敏的程度”，也是很笼统的话。每日只有二十四小时，工人既要做额定十二小时的工作，精神上自然有来不及的地方。假使一个人每日作十二小时的工，中间不休息一分钟，希望多拿几个钱，如此继续一月，能保其不害病吗？到那时病死了，实业家的钱，是不是变成杀人的器具？唉，我不愿中国有这样的实业家，我更不愿留美六载的学生做这样的实业家。穆君又说：“我国布厂女工，大都要求工作至十三小时半，盖工作时间愈多，而工人所得工资愈多故也。”我国女工——其实不仅女工如此——没有受过教育，为生活所逼，要求工作时间加长，确有这种事实；然而这种情形，何等可怜，不料号称救国救民的实业家，竟利用这种弱点，以饰其长时间工作之非。“盖工作时间愈多而工人所得工资愈多故也”两句话，更亏他说得出来。工作时间愈多，所得工资亦愈多，似乎不错，但工人是不是“人”呢？凡“人”是不是应该有“休息”“娱乐”“睡眠”等时间呢？照穆君这种说法，假使有工人每日要求作二十四小时的工，恐怕也会要允许他的。何以故？工资愈多故。我还要请问穆君：各国的法律，为什么对于妇孺工作时间特别加以限制呢？为什么各文明国都定了“每日八小时工作”之制呢？留美六载的人，对于这种道理总应该明白，为什么还要说“工作时间愈多工人所得工资亦愈多”的欺人话呢？唉！这就是中国实业界的态度呵！

（十四）上海《时事新报》侯可九君《告穆藕初先生》

藕初先生：

我同你是不相识的，但我早已晓得你是实业界的巨子，对于中国的振兴实业和发展经济，都负有极大的责任，所以久已要想写一封信给你；一向懒懒的，总不上劲。在二月二十三日的《时事新报》上，看见先生对于湖南招募女工问题有一篇文章，说得很详细；我所以就趁这个机会，写这封信给你，谅先生明达，不以“书生之见”见弃罢！我今天同先生谈的，并不单是女工问题；那女工问题，自有湖南的《大公报》和《湖南日报》的言论，和先生的答辩；我要同先生谈的，就是现在世界上所公认为最恐慌最重要的劳动问题。

先生是美国的留学生，且曾译过美国戴乐尔的大著，对于工业，对于现在的劳动潮流和以前的沿革，一定是有过研究的，那么，那轰动一世的欧洲和会所通过的劳动待遇条例怎样，国际劳动会议和中国的代表问题怎样，英国的三角同盟怎样，美国的世界产业劳动者同盟（I. W. W.）和法国的劳动总联合会（C. ey. t.）怎样，先生都应该晓得的。但是先生自己所组织的工厂，和现在的潮流能够适应吗？先生是受过新教育的，不比那些陈腐苛刻的资本家；我要同先生谈论，也为着这个意思。不过我以上的话，太笼统太含糊了，现在可以照先生的话，拿几段出来讨论：

人格问题　商业习惯上所沿用的荐保手续，在现在是不适用了。工厂和劳动家并不是“拿金钱去换劳力”的关系，工厂不过是一种互助的组织，在没有到共产境界的说法，就是说：资本家出钱，劳动者出力；工厂里的生产品和组织法，应当由资本家和劳动者两方面的意志去支配他。这样才算是互助，才算不辱没劳动者的人格。假使拿了生活最低额的八元大洋一月的工资，去做每天十二小时的牛马工作，还要写一张卖身式的志愿书，束缚得他紧紧的，难道不是把他们的做人权利取消吗？

工资问题　最低额的每天三角左右的工资，你想他们怎样生活呢？但是先生还要说：十年以前，还不过是一角七八分左右哩！一个人家，算他是一个妻子、二个子女——老年和多子女的还不在内——总共有四个人，你想这三角工资，在他们的生活上（膳宿、教育、交际、娱乐、衣服……）怎样支配？他们既然做了个人，尽了“人类劳动”的责任，难道这些生活上的必需品还不应该给他们吗？还是我替他们的预算是浪费的吗？

先生又说：“予敢忠告提倡劳动问题诸君，务须先谋加工人之工作能力及责任心，则工资之增加，自然随之。……”先生抱定了“金钱换劳力”的主义，所以要说这种话。但是这样能够达到你们的目的吗？劳动党对于这个手段有没有消极的抵制方法吗[①]？现在流行的“萨波达举”（Sabotage）就是一个例，也是劳动问题里的一个重要问题。不要说劳动党除了同盟罢工，再没有第二个抵制方法，这个萨波达举，就是一个较利害的抵制方法。所以这个手段非但不能达到你们的目的，而且还有萨波达举的恐慌，我劝先生快快抛弃以前的老法子罢！

工作时间问题　阿制柏氏所说的话，就事的一方面说，或者不宜于纱厂，但是就质的一方面说，未必不宜乎纱厂。纱厂工人在纱机上的工作

① 原文如此。依文义，今应作“呢”。

虽然简单，但是要这样长的时间去注意他，一个人的体力那里能够胜任呢？体力既有所不济，工作也自然要草率；在质的一方面，比较那短时间的出品，未免要有精粗高下之别了。但这样还不是有意的“萨波达举”，不过是长时间工作的天然效果罢了。

先生又说：“我国各布厂女工，大都要求工作十三小时半；因工作时间愈多，而工人所得工资愈多。……”照先生的话，好像我国的女工，生就的奴隶性，一天不做牛马生活，就不能过日子的。那么，现在工厂里的十二小时工制，还是先生辈大发慈悲。要知道他们所以要求这样长时间工作的缘故，就是因为他们的工资不足应付他们的生活需要。你们一方面压低他们的工资，一方面增加他们的工作时间，叫他们不得不入这个圈套；还借口说，长时间工作正是答应劳动家的要求，这算合人道吗？

先生又说：“我国地大物博，而纺纱锭子不及百万枚，似乎不得不加添夜工，以供需要。”这种论调，好像极有道理，我要请问一声，难道除了夜工，没有别的法子使出品增加吗？难道不好多设纱厂，添办锭子吗？

卫生和医药问题　　先生对于这两件事，说得像煞有介事，其实缺点正多。现在将我在《青年进步》杂志（廿九册）里一篇疲劳文章，摘几句出来：

> 工厂内关于卫生方面，当有盥洗室、浴室、疗病房、体育场……的设置。
>
> 工厂内关于娱乐方面，当有小食间、散步室、游戏场……的设置。
>
> 工厂对于劳动者，当有疾病补助金、养老金、寿险金……的补助。

从这样看来，你们对于卫生和医药两件事的辩护，真可不攻自破了。我要同先生说的就此完了。

（十五）上海《星期评论》执信君底《实业是不是这样提倡?》

穆藕初君为招湖南女工的事，在《时事新报》发表一篇东西，我看他里头再三注意聂云台的恒丰纱织新局的工作时间和“聂君的感想”，很像是专向聂氏辩护的样子。本来互相攻讦的事情，我们不愿意管的，但是我也不愿意过于立入他的心理内容，先就他表面上看来，可以算得一个代表的错误。

他说：“人家徒倡道[①]多给工值，而不问工作能力大小，责任心有无。……实业界中固直接蒙其害；因此而投资人多所顾虑，工业振兴将无望，国货空虚，外货愈得安然占据我腹地之市场，制我全国之死命，然则社会国家，亦间接蒙受其害焉。”这是向来做生意的人不敢讲的大帽子话。如果没有把“留美六载”的金字招牌随时挂在嘴边、笔上的大实业家，我们简直听不到如此妙论!

从前将本求利的生意人家，自己看着比那上京求名的还低了若干倍，这真可以不必。然而如果说刻薄求富，一定比钻营做官高许多，那更没有道理了。富贵本来相差不远，求富，求贵，一样是古来奴才的名称。但是从来做官的，总爱说忧国忧民，做生意的却老实不客气，说句“但觉眼前有生意，不知门外是何人”。如果要在求富求贵这一大堆号称为人的动物里头，勉强说出那一个比较好，我也不能不推奖这个老实的。可怜这老实一层，都给近来的时髦企业家糟塌[②]了。“商战”“抵制外货”“振兴工业”，这都是近来新出的好题目。讲起这个是提倡实业的人，就像已经有大功德于民，不肯同那一班做官发财的来相提并论。把做生意的话完全不提，似乎提倡实业是牺牲了自己来利益社会的一样，不许人家问他一问。先假定了提倡实业是一个神圣不可侵犯的事情，一概反对，都拿实业蒙害

① 前文作“唱道”，与此处引述用字不同。为保持原书风貌，不做修改。

② 今作“糟蹋”。

的题目来压住。我试问一问，他们的提倡实业，是有利益于他没有呢？现在尽有办了没有利益的事业，他们并没提倡；提倡来提倡去，还是他自己有利的实业。老实说，还是检最好做的生意来做。既然做最好的生意，又要说是“救中国贫弱”“使地方进于治安之轨道中”，不许人反对，这样便宜的事情，恐怕没有罢！

振兴工业，还是做生意；几个人做生意趱钱[①]，中国就不穷了么？现在中国果然工艺没有发达，天然富源没有开发；但是如果照他这种办法得来的结果，中国可以算做富么？就算说是富，这种富于中国人民有何益处？本来讲国家富不富，不应该只看总额若干，还要看每人所能受的分配额若干。所以就有天然利源开发了，实业勃兴了，提倡实业的人个个都在那里面团团得意；而一般工人，求荐觅保，仍旧是做每月八元的工，中国并不算是富了。况且物价跟着采矿冶金术的进步来腾贵，是现在货币制度里头免不了的趋向；将来这些工人恐怕实际上比现在更苦，就是中国一般国民比现在更穷。他不肯多出一点工钱的提倡实业者，能够救中国贫的地方在那里？

说到救中国弱，就更远了。如果他们纺纱织布等等一概有利的生意，都是养成良好军人的机关，只要由工厂拨进营盘，就立刻可以成一枝[②]劲旅，那就南北军阀都免不了得三薰三沐，请他把留美六年的经验教给他。可惜从统计上来讲，农业劳动者变做工业劳动者之后，他的征兵成绩，实在坏了许多。如果像穆氏所说的“做工做到十五点，污秽几非人类”的工人，尤其不适合于兵役。所以要救中国弱，正要把他这种工业的组织来大改良。如果不许人主张改良，那完全是致中国弱的实业，不是救中国弱的。

我们且把他这门面上说的话揭开，试看提倡实业有什么真正价值呢？

① 今作“攒钱”。本篇下文同。

② 今作“一支”。

我决不做无条件的反对提倡实业。却是我批评提倡实业，要注重在分配一层。从分配上来看，如果认外货占市场为比国货占市场更不好，自然要主张提倡，但是这要有比较的。

为什么外货占市场有不好的结果呢？普通都叫他作漏卮，以为金钱因此漏出去了，这是大错的。因为金钱本是无用的东西，我们能够将他换有用的货物是毫无妨碍的；没有现钱，就用纸币也好，有什么不可以的。有些人觉得这个错误了，就改一句说，外国买我的生货，卖给我熟货，他赚了我的钱（这个实际是货物不是货币）；所以我们多做许多产出生货的工作，才能够换他用很少的工作做成的熟货。这个说话，精透得多，有点智识的人，听了都点头了。但是这层只把全国合在一起来说，全国是吃了亏了。如果改用国货，这个亏就不用吃了，岂不是应该提倡国货么？

然而这后头却有一个误谬，看不见的，就是分配的问题。我们假想他全国出口的生货，是要一千万人，每人每天做十二个钟头的工夫，才做得成的，换来的东西，就是人家用八百万人，每人每天做八个钟头工夫做出来的。这是大吃亏了。如果我们提倡实业，外国八百万人所做的熟货不进来了，一千万人所做的生货也不出去了，立刻便有一千万人没有工做。如果实业家做国货的时候，仍旧招了一千万工人，叫他做每天六个半钟头的工夫，或者因为不熟练的缘故，做到八点钟，究竟还是一千万人，没有一个失业，工却做少了，工钱也不见少去，那是可以赞成的。如果提倡的人说，这些工人尽可以做十二点钟的工，所以只要招六百七十万人做工就够了，于是乎实业提倡起来，外货不进，生货不出，做生货的人少一千万，做熟货的人加六百七十万，两下对销，就逼出三百三十万个失业的人；平心想想，这个时候，社会上是有益还是有损呢？这六百七十万人，本来做生货的工，是在家乡的，有家族的乐趣的；现在因为提倡实业的缘故，他那老营生干不成了，离乡背井来做一工人。做工时间是一样的，工钱也还公道，没有比从前减少，他们还有歌颂实业家的恩泽。然而这三百三十万人无端失了生活，坐着等死么？不能够的呀！所以就成了流氓，成了土匪，成了兵队，成了督长的附属物，来敲诈这提倡实业的大财主分他的钱去用。虽然有些算做抢骗，有些算做保镖，究竟没有这一批失业的人，是不会有这些事的。他们虽然不晓得实业家的钱也是一千万个工人身上出的；他们总晓得你这种实业家，是可以出钱的。我们冷眼看他，这种国货占市场的情形，恐怕比外货占市场的时候，还是一样。有眼光的人，一定要痛恨这些令工人做十二点钟的工来榨取余剩价值的人，既愚且妄，自贻伊戚。然而现在国际劳动会议已经决采八点钟制，关于中国，也决定采十点钟工制的时候，中国的留美六年实业家还要主张十五点钟的工，还说是使地方进于治安轨道！大概还嫌中国的流氓、土匪、兵队少，多制造他一点，要等他们做出一个治安轨道么？

我们现在可以达到我们的主张了。就是提倡实业，能够令得工做的人比较失业的人更多，就应该赞成。如果能够令失业的人比新得工做的多，就应该反对。而失业的多少，就看要求工人工作的时间长短。像他这十二小时工作工厂，就不能说是有益的。

最奇怪的，是穆氏说人反对招工的家长署名铺保，是未明职业界习惯法。如果说习惯有铺保，我们可以不管他，但是从来也没有由湖南招女工到上海的习惯。讲到法么，最少总要社会上承认他的强制力，可以适用来裁判才可以当得起。光是社会上所容许的，只可叫做习惯，不能叫做习惯法。美国也是有习惯法的国家，有人敢把普通的习惯当做习惯法么？留美六年的大实业家连习惯和习惯法都分不清，那“置身局内实地考察”的本领，只好对他的同业聂云台君互相标榜了。

而且是真法律也有讨论改革的余地，是习惯法便怎样呢？野蛮的人生第一个儿子，要宰了来吃，叫做宜弟，这是他的习惯法。哥哥死了，要拿嫂嫂当老婆，也是犹太的古代习惯法。不是不可以改革的。在穆氏的意思，以为人人都如此，你为什么不许我如此？我的意思，是人人没有知识，已经不应该如此，你既然稍有知识，何以还要如此？

尤其不可恕的，就是篇中屡次用“欧、美先进国不曾以不合卫生停办纺织业”，“亦未曾芟除而封闭之”的话。人家不封闭，不是不理。要整理的时候，除了封闭以外，还有许多手段。第一就是工作和休息的时间。第二就是工场改良的强制。第三就是工人住宅问题。第四就是疾病保险、废疾年金及其他等等。这几层藏起来不讲，似乎除了封闭之外，只可同厚生、恒丰一样，没有方法。你以为上海看报的人的了解力、判断力都是和你这留美六年的人一样么？或者你以为还有人再比你笨的呢？

穆氏又举出河南招工溢额，工人无虑缺乏，较之穷无所归为愈，几乎要以万家生佛自任。但是我们所注意的，不止在受雇的几个人，要在失业者的全体。这种最长时间工作最低工银的结果，一定发生社会上的危险。危险在雇主自己终归是不能免的。他叫人“宁以行胜，勿以言胜”。大概所有改良的批评忠告，都是他所厌闻。如果他有力量，不难还要要求张敬尧命令报馆不许再登出反对的议论；但是我替他想，还希望他的理论到底是一个空言。如果说对于这个“工银制度资本掠夺”来以行胜，那小的就是同盟罢工和怠业，利害一点就是俄国的榜样来了！宁以行胜，这句话是不容易讲的呀！

附记：万国劳动会议的结果，或者穆氏可以说：“我留美六年不曾有这事情，现在报纸上说的话，那里可以相信。”但是美国自一九零八年[①]，阿力根州女子十时劳动法被美国高等法院判决为不违宪法以后，大概的州，对于女工，都采用一礼拜六十时间以内的制限。并且有限定一天九时间或八时间的。穆君在美国工厂的时候，难道不晓得时间和法律么？或者他蒙厂主特别优待，叫女工多做两点钟来表示敬意吗？不然或者是买了一个特别走得快的时辰表，看见女子做十点钟，他掏出表一看，已经是走了十二点了；所以到现在不曾晓得，以为美国如果不叫做十二点钟，只有封闭工场一个方法。然而可惜这个表没

---

① 原文如此。今习惯写为“一九〇八年”。

有放在厚生、德大厂里做时间计算的标准！

（十六）我的意见

长沙新闻界诸君因为代湖南女工向厚生纱厂要求待遇改良，受了穆藕初先生一场奚落，实在是自寻侮辱呵！大家要晓得二十世纪的劳动运动已经是要求管理权时代，不是要求待遇时代了。无论待遇如何改良，终不是自由的主人地位，劳动者要求资本家待遇改良，和人民要求君主施行仁政是同样的劳而无功，徒然失了身分。温情主义，无论在政治上、经济上，都是主人待奴隶一种没有保障的恩惠，我们羞于去要求的；况且要求不着，白受奚落，真是侮辱上又加侮辱，前清末年要求立宪就是一个榜样，长沙新闻界现在又戳了一个同样的霉头！

有人说中国机械工业还不发达，劳动运动还没有萌芽，去劳动者要求管理权时代还远，眼前的待遇问题还是不能放松的；况且穆藕初先生是一个很有学问见识的人，和一般专门牟利的商人不同，和他讨论讨论劳动问题也未尝不可。这话我却不反对。因为代劳动者向资本家要求固然是我们所不屑，但穆先生虽然站在资本家地位，实质上恐怕还不算是资本家；况且他若不拿资本家资格，来和我们平心静气的讨论劳动问题，我们也犯不着拒绝他。

中国人向来相互不承认他人的人格，所以全体没有人格，这件事若责备穆先生独为其难，未免太看重他了。

每月八元的工资，在长沙或者不算很少，在上海的生活程度，仅够做工的个人不至冻饿而死罢了。在穆先生底意思，中国人绝对没有衣食的人很多，现在只要有工做得免饿冻而死就算福气了，你们还要得寸思尺吗？但是我们要知道得寸思尺是人类底天性，譬如穆先生办纱厂去年得利六十万，难道今年不想得利百二十万吗？假定穆先生底工厂用一千工人，每人每月以八元计算，一年工资是九万六千元；倘若一年得净利二十万元，内中提出二万四千元分配给工人，每人每月就可以增加工资二元；资本家除官利外又得那十七万六千元，总不算太吃亏罢。从前放债的利息过了二分，打官司还要受罚；开典当的，照法律只准按月二分息；安徽安福部的省议会通过了典当利息二分五厘的议案，社会上就说这是倪嗣冲祸害安徽的一种罪案，我们现在要请问上海纺纱厂底股东，去年得了几分息？中国人说的什么红利，工人照例得不着分毫（马克思说这是剩余价值，都应该分配给工人的）。照穆先生说，十年前每日工资只一角七八分，五年前只二角四五分，现在有三角左右，表面上已经是递加的现象；照马克思底学说，工人每日劳力结果所生——即生产物——底价值，就算是五年前比十年前只加一倍，现在又比五年前只加一倍，而两次工资增加都不及一倍，实际上岂不是递减的现象吗？这种递减去的不是都归到剩余价值里面，被资本家——股东——掠夺去了吗？这且不谈，就以工人生活费而论，各项物价合计起来，比十年前增加不止一倍；而工资增加不及一倍，这也是减少不算是增加。穆先生要晓得这都是事实、常识，并不是“泰西之糟粕”！

工作时间，不单是工人个人问题，也还是社会问题。假定上海日作十二时工的有二十万人，若改为八时制，日夜三班，机器并不停歇，而社会上可以减少十万个失业的人；资本家所损失的工资增加半倍，若照前例计算，一千人的工厂增加五百人，每年工资增加不过四万八千元，在净利中提出这点，还不及全额四分之一。穆先生如果不专为资本家——股东——牟利，如果明白“纺织业与民生之关系”，如果可怜“平民生计不宽裕”，如果要“使地方进于治安之轨道中”，如果提倡“纺织界拯救时艰之主义”，如果忧虑“社会国家亦间接蒙其害”，如果懂得“救国爱群之要道”，就应该主张减少工作时间，好叫做工的人多、失业的人少才是！况且十二时制倘不改少，工人教育问题便绝对没有办法；照这样下去，工业越发达，人民底知识、精力越退步，将造成人种衰微的现象，这种社会的损失，前几天我曾和聂云台先生谈过，他也觉得有这样的危险；聂先生也说要谋工人教育，非减少工作时间不可，他并且主张八时制。聂先生到底是基督教徒，是有点慈悲心肠，是比别的“想入天国较骆驼穿过针孔还难”的富人不同呀！我希望信仰“爱之宗教”的聂先生要学耶稣的牺牲精神，莫学耶稣所深恶痛绝的富人，赶快实行八时制，为穷苦的工人谋点教育，救救他们的苦恼。我并且希望别的资本家莫让聂先生独得贤者之名！

工人教育问题，固然非工作时间减少无办法；工人卫生问题，也非减少时间无办法。至于工人储蓄问题，诚然要紧得狠[①]；但照现时的工资，仅仅足以糊个人的口，养家还差得远，拿什么来储蓄？

穆先生说：“英国有纺纱锭子五千七百万枚，美国有四千二百万枚……日本人口仅及我国人口八分之一，有纺纱锭子四百万枚……而我国今日仅有锭子一百五十万枚；此一百五十万枚中，尚被日商、英商占去七十万枚，完全为我华人所有者不及百万枚。……研究全国人口及纺纱锭数，不识诸君子有动于中否？”又说：“若徒唱道多给工值，而不问其工作能力之大小，与责任心之有无，此唱彼和，认其为新思想，而相率提倡之，实业界中固直接蒙其害；因此而投资人多所顾虑，工业振兴将无望，国货空虚，外货愈得安然占据我腹地之市场，制我全国之死命，然则社会国家，亦间接蒙其害焉。”执信先生对穆先生这两段批评道：“振兴工业，还是做生意，几个人做生意趱钱，中国就不穷了么？”又道：“于是乎实业提倡起来，外货不进，生货不出；做生货的人少一千万，做熟货的人加六百七十万，两下对销，就逼出三百三十万个失业的人，平心想想，这个时候，社会上是有益还是有损呢？”执信先生这两段批评，可算是对于借口什么振兴工业，什么抵制外货，什么谋社会国家底利益来牟个人私利的人一个顶门针。

另外我还有几层意思也要请教穆先生：我们只主张把“工值”给工人，并不主张在“工资”以外要多给一点。“工值”是什么？是工人每日劳力结果的生产额在市面上的价值，不是资本家任意定的三角两角，三角两角以外的剩余工值，都被资本家——股东——用红利底名义抢夺去了，

① 旧同“很”。

工人丝毫分不着；工值抢了去，反过脸来还要审问被抢者底工作能力之大小与责任心之有无，这实在是清平世界里不可赦的罪恶！工人若没有能力和责任心，股东底官利红利是从那里来的？每日三角两角的工资还要减少几何，每日工作十二时以外还要增加几时，才算有能力有责任心呢？利息是社会上不劳而获的人底救星，利息制度一天不扫除，社会上不劳而获的人一天不能绝迹；不但放债、开典当是利息制度，凡是自己不劳动，用资本去生息，像靠田租、房租、股票生活的一班人，都是利息制度之下底寄生废物。现时卑之无甚高论，我们暂且不去反对利息制度，不去把他根本取消，但是也得有点限制才好。穆先生恐怕“投资人多所顾虑，工业振兴将无望”，是以为必用重利引诱资本家，集合得资本雄厚起来，才可以振兴工业。近世机械工业固非资本集合不可，但是集合底方法，就是不废私有财产制，不废利息制，似乎不可而且不必拿七八分重利甚至于对本对利来引诱。田地、房屋和存在银行底利息都只得几厘，尚且有人肯做；工业只要有信用，未见得拿一分利还招不着股。若嫌一分利不能引诱资本家，资本集合太微太缓，不能和外资竞争，这个问题却大了，决不是现时的招股集资方法可以救济的。照现时的经济组织，听凭穆先生、聂先生等如何热心拿厚利来引诱资本家，充其量也不过招得二三千万元，不说欧、美底资本家了，只要周学煦勾一个日本资本家来就压倒了。我以为要想中国产业界资本雄厚可以同外国竞争，非由公共的力量强行把全国底资本都集合到社会的工业上不可。果然是社会的工业，他的发达，社会上人人底幸福都跟着平等的发展；工资少点，工作时间多点，都还没甚稀奇。像现在个人的工业，牺牲了无数的穷苦工人，利益都集中到少数的资本家个人手里；若用这么厚利去引诱资本家，勉得[①]多所顾虑，那么，工业或者可以振兴；若说有利益于社会国家，除非是少数资本家独有的社会国家，除非是多数工人除外的社会国家。欧、美、日本底社会危机就是这个人的工业

① 今作“免得”。

主义造出来的，我希望想“使地方进于治安之轨道中”的穆先生及其他企业家，千万别跟欧、美、日本人走这条错路！

穆先生或者可以说，我们中国纱业底势力，漫说英、美了，就是比日本还不及四分之一，现时纱业虽有点利益，正要少数的资本家垄断这种利益，才能够把资本聚住，才能够叫他们乐于投资而且便于投资，才能够使这资本有再生产的效力；若是分配给工人，这资本不但分散了，而且都用在消费上，失去了再生产的效力，因此营业不能够推广，岂不是社会的损失吗？穆先生倘若说出这个理由，恐怕有许多旧式的经济学者都要点头称是；就是我也以为这个理由含有一半真理，不能全然否认。但是我以为也有一种法子，可以免除这个人和社会问题底利害冲突。这法子是什么呢？就是采用 Co-operative Society 底一部分制度，一方面承认工人都有得红利底权利；一方面规定所有股东、经理以下事务员、工人等应得的红利，一律作为股本，填给股票，以便推广营业。如此工人都可以渐渐变到资本家地位，个人方面比现在卖劳力而得不着全工值总好得多；资本都用在再生产上，社会方面工业也因此推广了；这法子似乎可以使个人社会间利益两全，不识穆先生有动于中否？

还有一层：因为近来工厂生意不差，什么周学熙，什么梁士诒，听说都红了眼睛，倘然大规模中日棉业公司（听说日本三千万元）或是中日棉纱厂（听说日本七千万元）只要有一个实现，听凭穆先生用什么厚利去招股，都不能和他们对敌。我想只有用 Co-operative Society 制度，或者可抵制。他们要在中国设厂制造，最大部分是因为中国工价低廉，我们工业界若采用这个制度，他们若不一致，招工便不容易，就是招到，和我们的厂里工人相形之下，也必然没有从前那样容易对付；若和我们一致，他们就来办一万个工厂，我们都一律欢迎。

厚生厂在湖南招募女工无论办法好歹，都不但不单是湖南的女工的问题，也不单是上海男女工人问题，乃是全中国劳动问题。有人责备厚生厂苛待湖南女工，所以穆先生不服。我现在拉杂写了许多，都不专是讨论湖南女工问题，也并不把穆先生当做一个资本家来攻击他的厚生厂，乃是把穆先生当做一位关心社会问题的人，所以研究一下劳动问题来请教。

穆先生企业的才能和他在社会事业上的功劳，我们当然要尊敬他；正因为尊敬他，所以才希望他百尺竿头更进一步，由个人的工业主义进步到社会的工业主义！

中国底资本固然还没有集中到工业上，但是现在已经起首了；倘然仍旧走欧、美、日本人的错路，前途遍地荆棘，这是不可不预防的。穆先生很有预防的力量，或者不是我过于看重了他。我希望穆先生及其他企业家，都要有预防社会前途危险的大觉大悟，使我这篇拉杂乱谈中当心的地方将来不至成了预言，那才是社会的大幸呵！

一九二〇，五，一

谈政治

(一)

本志(《新青年》)社员中有多数人向来主张绝口不谈政治,我偶然发点关于政治的议论,他们都不以为然。但我终不肯取消我的意见,所以常常劝慰慈、一涵两先生做关于政治的文章。在他一方面,外边对于本志的批评,有许多人说《新青年》不讨论政治问题是一个很大的缺点。我对于这个批评也不能十分满足[①],曾在"我的解决中国政治方针"演说中回答道:"我们不是忽略了政治问题,是因为十八世纪以来的政制已经破产,我们正要站在社会的基础上造成新的政治;我们不是不要宪法,是要在社会上造成自然需要新宪法底[②]实质,凭空讨论形式的条文,是一件无益的事。"因此,可以表明我对于政治底态度,一方面固然不以绝口不谈政治为然,一方面也不愿意和一班拿行政或做官弄钱当作政治的先生们谈政治。换句话说,就是你谈政治也罢,不谈政治也罢,除非逃在深山人迹绝对不到的地方,政治总会寻着你的;但我们要认真了解政治底价值是什么,决不是争权夺利的勾当可以冒牌的。

以上的说话,虽然可表明我对于政治底态度,但是过于简单,没有说出充分的理由,而且不曾包含最近对于政治的见解。所以现在要详细谈一下。

---

① 原文如此。

② 旧同"的"。本篇下文同。

（二）

我们中国不谈政治的人很多，主张不谈政治的只有三派人：一是学界，张东荪先生和胡适之先生可算是代表；一是商界，上海底总商会和最近的各马路商界联合会可算是代表；一是无政府党人。前两派主张不谈政治是一时的不是永久的，是相对的不是绝对的；因为他们所以不谈政治，是受了争权夺利的冒牌的政治底刺激，并不是从根本上反对政治。后一派是从根本上绝对主张人类不应该有一切政治的组织，他们不但反对君主的贵族的政治和争权夺利的政治，就是民主的政治也要反对的。

我对于这三派的批评：在消极的方面，我固然很有以他们为然的地方；在积极的方面，我就有点异议了。

前两派只有消极没有积极的缺点，最近胡适之先生等《争自由的宣言》中已经道破了。这篇文章开口便说："我们本不愿意谈实际的政治，但是实际的政治却没有一时一刻不来妨害我们。"要除去这妨害，自然免不了要谈政治了。

后一派反对政治，从消极的方面说起来，也有一大部分真理。他们反对政治，反对法律，反对国家，反对强权，理论自成一系统，到[①]没有普通人一面承认政治、法律、国家，一面反对强权的矛盾见解。强权是少数人的或多数人的，广狭虽然不同，但若是没有强权，便没有法律，没有法律还有什么政治国家呢？因此，我们应该明白强权、国家、政治、法律是一件东西底四个名目，无政府党人一律反对，理论到算是一贯。古代的社会契约（Social Contract）和中世纪的自治都市（Commune）不但不是普遍的，而且是人类政治组织没有进化到近代国家的状态。近代国家是怎样？Franz Oppeuheimer 说：国家底唯一目的，就是征服者支配被征服者底主权，并且防御内部的叛乱及外部的侵袭。这主权底目的，也就是征服者对

① 今作"倒"。本篇下文同。

被征服者经济的掠夺。（详见 Christensen's *Politics and Crowd Morality*，P. 72 所引。）Christensen 说：国家是掠夺别人并防止别人来掠夺的工具；他[①]的目的并不是制止每人和每人间底战争，乃是使这战争坚固而有效力。（见前书七三，七四页。）罗素说：国家底骨子，就是公民集合力底仓库。这力量有两个形式：一是对内部的，一是对外部的。对内部的形式是法律及警察，对外部的形式是战斗力所表现的陆海军。国家是一定区域内全住民底集合体依政府指挥用他们联合力所组织起来的。国家底权力，对内仅限于叛乱的恐怖，对外仅限于战败的恐怖，所以他阻止这两样是绝对的。在实际上他能够用租税名义夺人家底财产，决定结婚和继承底法律，惩罚他所反对的意见发表，因为要把一种人民所住的地方划归别国他能置人于死地，并且他想着要打仗，便命令一切强健男子到战场去赌生命。在许多事件上，违反了国家底目的和意见，就是犯罪。（见 Russell's *Principles of Social Reconstruction*，P. 45，46，47。）过去及现在的国家底作用实在是如此，我所以说无政府党反对国家，反对政治，反对法律，反对强权，也有一大部分真理。

从消极方面说起来，无政府党否认国家政治，我们固然赞同；从积极方面说起来，我们以为过去的现在的国家和政治，过去的现在的资本阶级的国家和政治，固然建筑在经济的掠夺上面；但是将来的国家和政治，将来劳动阶级的国家和政治，何人能够断定他仍旧黑暗绝对没有希望呢？反对国家的人，说他是掠夺机关；反对政治的人，说他是官僚底巢穴；反对法律的人，说他是资本家私有财产底护符——照他们这样说法，不过是反对过去及现在掠夺的国家，官僚的政治，保护资本家私有财产的法律，并没有指出可以使国家、政治、法律根本摇动的理由；因为他们所反对的，不曾将禁止掠夺的国家、排除官僚的政治、废止资本家财产私有的法律包

---

① “五四”以前“他”兼称男性、女性以及一切事物。［见《现代汉语词典》（第7版）］本篇下文同。

含在内。

或者有人说：就是将来的禁止掠夺的国家，排除官僚的政治，废止资本家私有财产的法律，仍然离不掉强权，所以不从根本上绝对废除国家、政治、法律这几种强权，实现自由组织的社会，不能算彻底的改革。

我们对于这种意见，可以分开理论和事实两方面的讨论：

从理论上说起来，第一我们应该要问：世界上的事理本来没有底，我们从何处彻起？所以懂得进化论的人，不应该有彻底不彻底的观念。第二我们应该要问：强权何以可恶？我以为强权所以可恶，是因为有人拿他来拥护强者无道者，压迫弱者与正义。若是倒转过来，拿他来救护弱者与正义，排除强者与无道，就不见得可恶了。由此可以看出强权所以可恶，是他的用法，并不是他本身。我们人类文明最大的效果，是利用自然征服自然。例如，水、火都可以杀人，利用水便得了行船、洗濯、灌溉底效用，利用火便得了烧饭菜、照亮、温暖身体底效用；炸药和雷电伤人更是可怕，利用他们便得了开山、治病及种种工业上的效用。人类底强权也算是一种自然力，利用他也可以有一种排除黑暗、障碍底效用。因此我觉得不问强权底用法如何，闭起眼睛反对一切强权，像这种因噎废食的办法，实在是笼统的、武断的，决不是科学的。若有人不问读书底目的如何，但只为读书而读书，不问革命底内容如何，但只为革命而革命，自然是可笑；现在若不问强权底用法如何，但只为强权而反对强权，或者只为强权而赞成强权，也未免陷于同一的谬误。

从事实上说起来，第一我们要明白世界各国里面最不平、最痛苦的事不是别的，就是少数游惰的、消费的资产阶级利用国家、政治、法律等机关，把多数极苦的、生产的劳动阶级压在资本势力底下，当做牛马、机器还不如。要扫除这种不平、这种痛苦，只有被压迫的生产的劳动阶级自己造成新的强力，自己站在国家地位，利用政治、法律等机关，把那压迫的资产阶级完全征服，然后才可望将财产私有、工银劳动等制度废去，将过于不平等的经济状况除去。若是不主张用强力，不主张阶级战争，天天不要国家、政治、法律，天天空想自由组织的社会出现，那班资产阶级仍旧天天站在国家地位，天天利用政治、法律——如此梦想自由，便再过一万年，那被压迫的劳动阶级也没有翻身的机会。法国底工团派在世界劳动团体中总算是很有力量的了，但是他们不热心阶级战争，是要离开政治的，而政治却不肯离开他们，欧战中被资产阶级拿政权强迫他们牺牲了，今年“五一”节后又强迫他们屈服了。他们的自由在那[①]里？所以资产阶级所恐怖的，不是自由社会的学说，是阶级战争的学说；资产阶级所欢迎的，不是劳动阶级要国家、政权、法律，是劳动阶级不要国家、政权、法律。劳动者自来没有国家没有政权，正因为过去及现在的国家、政权都在资产阶级底手里，所以他们才能够施行他们的生产和分配方法来压迫劳动阶级；若劳动阶级自己宣言永远不要国家、不要政权，资产阶级自然不胜感谢之至。你看现在全世界底国家对于布尔塞维克底防御、压迫、恐怖，比他们对于无政府党利害的[②]多，就是这个缘故。

第二我们要明白各国底资产阶级，都有了数十年或数百年底基础，站在优胜的地位，他们的知识、经验都比劳动阶级高明得多，劳动阶级要想征服他们固然很难，征服后想永久制服他们不至死灰复燃更是不易。这时候利用政治的强权，防止他们的阴谋活动；利用法律的强权，防止他们懒惰、掠夺，矫正他们的习惯、思想，都很是必要的方法。这时候若反对强权的压迫，若主张不要政治、法律，若提倡自由组织的社会，便不啻对资产阶级下了一道大赦底恩诏，因为他们随时得着自由，随时就要恢复原有的势力地位。所以各国共和革命后，民主派若失了充分压服旧党底强力，马上便有复辟底运动。此时俄罗斯若以克鲁巴特金的自由组织代替了列宁的劳动专政，马上不但资产阶级要恢复势力，连帝政复兴也必不免。克鲁巴特金《国家论》中所称赞的中世自治都市是何以失败的，他所指责的近

① 旧同“哪”。
② 旧同“得”。

代资本主义的国家是何以发达起来的？这主要的原因，不用说一方面是自治都市里既不是以劳动阶级为主体，又没有强固的政治组织，因此让君主贵族们垄断了政权；一方面是新兴的资本家利用自由主义，大家自由贸易起来，自由办起实业来，自由虐待劳动者，自由把社会的资本集中到少数私人手里，于是渐渐自由造成了自由的资本阶级，渐渐自由造成了近代资本主义自由的国家。我们明明白白晓得中世自治都市是放弃政权失败的，是放任那不法的自由（Unconscionable Freedom）失败的，劳动阶级底枷锁镣铐分明是自由主义将他带上的；现在理想的将来的社会，若仍旧妄想否认政治是彻底的改造，迷信自由主义万能，岂不是睁着眼睛走错路吗？我因此深信许多人所深恶痛绝的强权主义，有时竟可以利用他为善；许多人所歌颂赞美的自由主义，有时也可以利用他为恶；万万不可一概而论，因为凡强权主义皆善，凡自由主义皆恶①，像这种笼统的大前提，已经由历史底事实证明他在逻辑上的谬误了。

第三我们要明白人类本性的确有很恶的部分，决不单是改造社会制度可以根本铲除的；就是社会制度——私有财产制度、工银劳动制度——所造成的人类第二恶性，也不是制度改变了这恶性马上就跟着消灭的。工银劳动制度实在不应该保存，但同时若不强迫劳动，这时候从前不劳动的人自然不会忽然高兴要去做工，从前受惯了经济的刺激（Economic Stimulus）才去劳动的工人，现在解除了刺激，又加上从前疲劳底反动，一定会懒惰下来；如此，一时社会的工作效率必然锐减。少数人懒惰而衣食，已经酿成社会上的不平等；若由少数增至多数，这社会底生活资料如何维持呢？人类诚然有劳动的天性，有时也自然不须强迫。美术化的劳动和创造的劳动更不是强迫所能成的，自来就不是经济的刺激能够令他进步的，所以工银制度在人类文化的劳动上只有损而无益。至于人类基本生活的劳动，至少像那不洁的劳动、很苦的劳动，既然没有经济的刺激，又没有法律的强

① 原文如此。从上一句话看，此处似应为“凡强权主义皆恶，凡自由主义皆善”。

迫，说是人们自然会情愿去做，真是自欺欺人的话；凡有真诚的态度讨论社会问题的人，不应该说出这样没有征验的话来。制度变了，制度所造成的人类专己自私的野心，一时断然不易消灭——倘然没有法律裁制这种倾向，专制的帝王贵族就会发生在自由组织的社会里；若要预防他将来发生，抵抗他已经发生，都免不了利用政治的法律的强权了。更有一件事，就是人类底性欲本能和永续占有行动合起来发生的男女问题，这问题是人生问题中最神秘不可思议的部分，不但社会制度革命不能解决他，并且因为解除了经济的政治的压迫和诱惑，真的纯粹的男女问题更要露骨的发生。这时候的男女问题内并不夹杂着政治的经济的影响和罪恶，倘由这种问题发生了侵犯个人及损害社会安宁的罪恶，也应该有点法律的裁制才好。

据以上的理论和事实讨论起来，无政府党所诅咒的资产阶级据以造作罪恶的国家、政治、法律，我们也应该诅咒的，但是劳动阶级据以铲除罪恶的国家、政治、法律，我们是不应该诅咒的；若是诅咒他，到算是资产阶级底朋友了。换句话说，就是我们把国家、政治、法律看做一种改良社会的工具，工具不好，只可改造他，不必将他抛弃不用。

（三）

不反对政治的人也有两派：一是旧派，他们眼中的国家，就是“我国家数百年深仁厚泽”的国家，“学生这样嚣张还成个什么国家”的国家；他们眼中的政治，就是“吴佩孚只是一个师长不配参与政治”的政治；他们眼中的法律，就是“王法”“国法”“大清律”的法律。这派底意见，我们犯不着批评。一是新派，他们虽不迷信政治、法律和国家有神秘的威权，他们却知道政治、法律和国家是一种工具，不必抛弃不用。在这一点上我很以他们为然；但是他们不取革命的手段改造这工具，仍旧利用旧的工具来建设新的事业，这是我大不赞成的。这派人所依据的学说，就是所谓马格斯[①]修正派，也就是 Bebel 死后德国底社会民主党，急进派所鄙薄、所攻击的社会党也就是这个。中国此时还够不上说真有这派人，不过颇有这种倾向，将来这种人必很有势力，要做我们唯一的敌人。

他们不主张直接行动，不主张革那资产阶级据以造作罪恶的国家、政治、法律底命，他们仍主张议会主义，取竞争选举的手段，加入（就是投降）资产阶级据以作恶的政府、国会，想利用资产阶级据以作恶的政治、法律来施行社会主义的政策；结果不但主义不能施行，而且和资产阶级同化了，还要施行压迫劳动阶级、反对社会主义的政策。现在英、法、德底政府当局那个不是如此？像这样与虎谋皮、为虎所噬还要来替虎噬人的方法，我们应该当做前车之鉴。

他们主张的国家社会主义，名为社会民主党，其实并不要求社会的民主主义，也不要求产业的民主化，只主张把生产工具集中在现存的国家——现存的资产阶级底军阀、官僚盘踞为恶的国家——手里。Wilhelm Liebknecht 批评这种国家社会主义道：这种国家社会主义，实在说起来，只可叫做国家资本主义（State Capitalism），取其貌似投时所好来冒牌骗人罢了。德国底国家社会主义，严格说起来就是普鲁士底国家社会主义，他的理想就是军国的、地主的、警察的国家，他所最厌恶的就是民主主义。（见 Wilhelm Liebknecht，*No Compromise*，*No Political Trading*，P. 15）这种国家社会主义的国家里面，劳动阶级底奴隶状态不但不减轻，而且更要加重；因为国家成了公的唯一的资本家，比私的多数的资本家更要垄断得多。这种国家里面，国家的权力过大了，过于集中了统一了，由消灭天才的创造力上论起来，恐怕比私产制度还要坏。这种国家里面，不但无政府党所诅咒的国家、政治、法律底罪恶不能铲除，而且更要加甚，因为资产阶级底军阀、官僚从前只有政治的权力，现在又假国家社会主义的名义，把经济的权力集中在自己手里，这种专横而且腐败的阶级，权力加多罪恶

① 今译“马克思”。本篇下文同。

便自然加甚了。若是把这名义与权力送给世界上第一个贪污不法的中国军阀、官僚，那更是造孽不浅。

他们反对马格斯底阶级战争说很激烈，他们反对劳动专政，拿德谟克拉西来反对劳动阶级底特权。他们忘记了马格斯曾说过：劳动者和资产阶级战斗的时候，迫于情势，自己不能不组成一个阶级，而且不能不用革命的手段去占领权力阶级的地位，用那权力去破坏旧的生产方法；但是同时阶级对抗的理由和一切阶级本身也是应该扫除的，因此劳动阶级本身底权势也是要去掉的。（见《共产党宣言》第二章之末。）他们又忘记了马格斯曾说过：法国社会主义及共产主义底著作，到德国就全然失了精义了；并且阶级争斗底意义从此在德国人手中抹去，他们还自己以为免了法国人的偏见……他们自以为不单是代表无产阶级利害的，是代表人类本性底利害，就是代表全人类利害的；这种人类不属于何种阶级，算不得实际的存在，只有哲学空想的云雾中是他存在的地方。（见前书第三章。）他们只有眼睛看见劳动阶级底特权不合乎德谟克拉西，他们却没眼睛看见戴著德谟克拉西假面的资产阶级底特权是怎样。他们天天跪在资产阶级特权专政脚下歌功颂德，一听说劳动阶级专政，马上就抬出德谟克拉西来抵制，德谟克拉西到成了资产阶级底护身符了。我敢说：若不经过阶级战争，若不经过劳动阶级占领权力阶级地位底时代，德谟克拉西必然永远是资产阶级底专有物，也就是资产阶级永远把持政权、抵制劳动阶级底利器。修正派社会主义底格言，就是：“从革命去到普通选举！从劳动专政去到议会政治！”他们自以为这是“进化的社会主义”，殊不知 Bebel 死后德国底社会民主党正因此堕落了！

（四）

我的结论是：我承认人类不能够脱离政治，但不承认行政及做官、争地盘、攘夺私的权利这等勾当可以冒充政治。

我承认国家只能做工具不能做主义，古代以奴隶为财产的市民国家，中世以农奴为财产的封建诸侯国家，近代以劳动者为财产的资本家国家，都是所有者的国家，这种国家底政治、法律都是掠夺底工具。但我承认这工具有改造、进化的可能性，不必根本废弃他，因为所有者的国家固必然造成罪恶，而所有者以外的国家却有成立的可能性。

我虽然承认不必从根本上废弃国家、政治、法律这个工具，却不承认现在的资产阶级（即掠夺阶级）的国家、政治、法律有扫除社会罪恶的可能性。

我承认用革命的手段建设劳动阶级（即生产阶级）的国家，创造那禁止对内对外一切掠夺的政治、法律，为现代社会第一需要。后事如何，就不是我们所应该所能够包办的了。

一九二〇，九，一

国庆纪念底[1]价值

我们对于一切信仰、一切趋赴底事，必须将这事体批评起来确有信仰、趋赴底价值，才值得去信仰、趋赴，不然便是无意识的盲从或无价值的迷信。

我们中华民国双十节是建设共和国底国庆纪念日，从元年到今年已经是第九次了；其间受反革命的帝制派底压迫几乎不成个纪念日底光景曾有好几次，最明目张胆地强行禁止开会纪念的，就是去年反革命的帝制派天津警察厅长杨以德和今年反革命的帝制派上海镇守使何丰林。在这班反革命的帝制派，仇视共和、禁止国庆日底纪念本是当然的事，我们不去论他[2]；但是信仰共和、趋赴共和底人，也要确乎明白纪念这共和国庆日有什么价值。

讨论这个问题当分两层：一是共和底价值，一是中国共和底价值。

我们对于共和价值底批评，固然不像反革命的帝制派及无政府党人把共和看得一文不值，也不像一班空想的政论家迷信共和真能够造成多数幸福。我们十分承认却只承认共和政治在人类进化史上有相当的价值，法兰西大革命以前的欧洲，俄罗斯大革命以前的亚洲，打倒封建主义不能说不是他的功劳，但是封建主义倒了，资本主义代之而兴，封建主义时代只最少数人得着幸福，资本主义时代也不过次少数人得着幸福，多数人仍然被

---

① 旧同“的”。本篇下文同。

② “五四”以前“他”兼称男性、女性以及一切事物。［见《现代汉语词典》（第7版）］本篇下文同。

压在少数人势力底下，得不着自由与幸福的。教育是知[①]慧的源泉，资本主义时代底教育是专为少数富家子弟而设，多数贫民是没有分[②]的，他们的教育方针也是极力要拥护资本主义底学说及习惯的，因此这时代底青年自幼便养成了崇拜资本主义底迷信，以为资本主义是天经地义，资本家是社会不可少的中枢。共和国里当然要尊重舆论，但舆论每每随着多数的或有力的报纸为转移，试问世界各共和国底报纸那[③]一家不受资本家支配？有几家报纸肯帮多数的贫民说话？资本家制造报馆，报馆制造舆论，试问世界上那一个共和国底舆论不是如此？共和国里表示民意底最具体的方法就是选举投票，以财产限制选举权底国里不必说了，就是施行普通选举底国里，也没有穷人可以当选底道理，花几十万元才得着议员，这是很平常的事。最穷的日本国，最近的议员运动也必须十万元左右；相传有一位极有名望的人主张“理想的选举”，决计不出运动费，不过他的朋友亲戚代他用了酒席车马费七千元，到处传为美谈。试问这种美谈没有人帮助底穷人得的着吗？全国底教育、舆论、选举都操在少数的资本家手里，表面上是共和政治，实际上是金力政治，所以共和底自由、幸福多数人是没有分的。主张实际的多数幸福，只有社会主义的政治。

共和政治为少数资本阶级所把持，无论那国都是一样，要用他来造成多数幸福，简直是妄想。现在多数人都渐渐明白起来要求自己的自由与幸福了，社会主义要起来代替共和政治，也和当年共和政治起来代替封建制度一样，按诸新陈代谢底公例，都是不可逃的运命。

我们对于中国共和价值底批评，并不觉得他比别的国共和格外无价值，对于他在中国将来并无希望，也和在别的国一样或者还要更甚一点。过去的纪念像黄花冈[④]壮烈的牺牲，接着就是十月革命，废黜君主，建设

---

① 〈古〉同“智”。

② 旧同“份”。本篇下文同。

③ 旧同“哪”。本篇下文同。

④ 原文如此。今作“黄花岗”。

共和，在中国历史上不能说不是空前的盛举。在这一点上看起来，我以为全中国人都应该觉得双十节的确是中国历史上唯一的纪念日。只可惜这历史上空前的盛举是一时偶发的，太没有持续性（这种现象是中国民族可恐怖的最大弱点），以至于多数人得不着幸福固属当然（上面曾说过共和政治不能造成多数幸福），即次少数人也没有像欧、美中产阶级都得着了幸福，自由权利与幸福还是为最少数人所独占，直到如今还完全是封建主义恢复了固有的势力，支配一切。尊祀孔子及武人割据，这两件事就是封建主义支配一切精神方面及物质方面底明证。中国共和政治所以如此流产底原因，一方面是革命的共和派没有专政底毅力和远见，急于和反革命的帝制派携手遂致自杀了；一方面是一般国民惑于调和底邪说，又误解共和，以为应该给全国民以自由权利，连反革命的帝制派也算在内，反革命的帝制派得着了自由，共和政治那有不流产底道理。由封建而共和，由共和而社会主义，这是社会进化一定的轨道，中国也难以独异的；现在虽说是共和失败了，封建制度恢复了势力，但是世界潮流所趋，这封建主义得势也不过是一时现象，我以为即在最近的将来，不但封建主义要让共和，就是共和也要让社会主义。在这一点上看起来，除追怀先烈以外，这国庆纪念日已没有可以令人狂信底价值了。但有人以为由封建而社会主义，中间还必须经过共和时代，所以眼前还是政治问题要紧；又有人以为中国封建式的武人为患是政治造成的，不是经济造成的，所以眼前只是政治革命要紧，还不须经济革命。我看这两种话都似是而非。由共和而社会主义虽是一定的轨道，然这轨道却不能够说必须要经过若干岁月才可以改变方向。西欧共和政治经过长久的岁月底原因：一是西欧的代议制度来源甚古，共和政治比较的容易支持，一是他们社会主义的思想刚与共和同时发生，当时都还迷信共和可以造成多数幸福。现在的东方各国却和他们情形不同，所以俄罗斯共和推倒了封建半年便被社会主义代替了，封建和社会主义之间不必经过长久的岁月，这是一个很明显的例。至于说中国只须[1]政治革命不必经济革命，我便有七个疑问：

（一）中国社会的资本已集中在最少数的武人官僚手里，用政治革命手段是否可以免得由甲派武人官僚手里底资本转到乙派武人官僚手里，是否可以使社会的资本归社会公有？

（二）中国士大夫底人格是否已与封建式的武人同化，他们的政治道德是否可以适用代议制不须人民直接行动，除了多数人的援助，他们的力量是否能够打倒封建式的武人、建设共和政治？

（三）共和政治是否能够造成多数幸福？

（四）抛弃多数的幸福是否能够使人心安定、共和巩固？

（五）中国此时资本家生产制还未十分发达的时候，是否应该乘机创设社会的工业，是否应该提倡私人的工业酿成经济不平等之危机？

（六）中国除了劳动界有了阶级的觉悟，组织强大的革命团体，绝对打破资本家生产制，有何方法可以抵制外国由经济的侵略进而为政治的侵略？

（七）单是政治革命，能否解决官、匪、政客、游民、兵过多底问题？

我不但不反对政治的革命，而且很盼望他早日实现；但我断然不能迷信他能够将中国从危险中救出，若有人迷信他，说中国此时只须政治革命不须经济革命，我便要请他解答上面的七个疑问。

以上所讨论的共和底价值和中国共和底价值，似乎都是我们在国庆纪念日应有的觉悟。

一九二〇，十，一

① 今作“只需”。本篇下文同。

新教育是什么?

这篇是本年一月二日我在广州高等师范学校底[1]演说，当时朴生、载扬二君记得很清楚，兹就二君所记略加增改，在本志（《新青年》）上发表，因为广州底报纸别处不大见得着。

今天讨论的问题是“新教育是什么”。新教育底对面就是旧教育。新教育和旧教育有什么分别呢？

或者有人说：新教育是学校，旧教育是科举。其实这个分别不过是形式的分别：科举时代所贵的是功名，是做官；现在学校所贵的还是有文凭，也是去做官，精神差不多是一样。

或者又有人说：旧教育是习经史子集，新教育是习科学。其实这个分别也不过是教材上的分别，不能够当做新旧教育绝对不同的鸿沟。况且讲哲学可以取材于经书及诸子，讲文学可以取材于《诗经》以下古代诗文，讲历史学及社会学更是离不开古书底考证，可见即以教材而论，也没有新旧底分别。经史子集和科学都是一种教材，我们若是用研究科学底方法研究经史子集，我们便不能说经史子集这种教材绝对的无价值；我们若是用村学究读经史子集底方法习科学，徒然死记几个数理化底公式和一些动植、矿物底名称，我们不知道这种教材底价值能比经史子集高得多少？

---

① 旧同“的”。本篇下文同。

旧教育——科举 ┐
新教育——学校 ┘ 形式的不同

经史子集 ┐
科学 ┘ 教材种类的不同

照上表看起来，科举和学校只是形式的不同，经史子集和科学只是教材种类不同，不能说科举和经史子集是旧教育，也不能说学校和科学便是新教育，我们必须另外找出新旧教育分别的地方是什么。在我说明之先，我请各位想想到底什么是新教育，什么是旧教育？

新旧教育不同的地方，各位一定有许多意见，但现在没有机会可以和诸君各个讨论，只好拿我的意见告诉各位。我以为：

旧教育——主观的 { 教育主义——个人的；教授方法——教训的 }

新教育——客观的 { 教育主义——社会的；教授方法——启发的 }

旧教育的主义是要受教育者依照教育者的理想，做成伟大的个人，为圣贤，为仙佛，为豪杰，为大学者；新教育不是这样，新教育是注重在改良社会，不专在造成个人的伟大。我们现在批评这两种教育主义的好歹，应该先讨论社会和个人的力量那①样较大。我以为社会的力量大过个人远甚，社会能够支配个人，个人不能够支配社会。

各位对于这个意见，一定很怀疑，以为中国民族受孔子的影响何等伟大，印度民族受释迦牟尼的影响何等伟大，欧洲民族受耶稣的影响又何等伟大，支配世界的这三大民族完全为三个伟大的个人之精神所支配，怎么

① 旧同“哪”。本篇下文同。

说个人不能支配社会，反说社会能够支配个人呢？

其实，诸位细想：世界各民族思想固然为这几个伟大的个人所支配，但我们要想想中国为什么有孔子？孔子的学说、思想何以不发生在印度或欧洲，而发生在中国？反之，释迦、耶稣的学说思想何以发生在印度、欧洲，而不发生在中国？这是因为中国的气候、土地适于农业，农业发达的结果，家族主义随之而发达；孔子的学说思想，和孔子所祖述的尧、舜思想，都是完全根据家族主义，所谓有夫妇而后有父子，有父子而后君臣，与夫教孝祭祀，无一非家族主义的特征；由此可以看出，孔子的学说思想决不是他自己个人发明的，孔子的学说思想所以发生在中国也决非偶然之事，乃是中国的土地、气候造成中国的产业状况，中国的产业状况造成中国的社会组织，中国的社会组织造成孔子以前及孔子的伦理观念：这完全是有中国的社会才产生孔子的学说，决不是有孔子的学说才产生中国的社会。又如印度地在热带，人民抵抗不起天然压迫，素具悲观性质，所以释迦牟尼以前的乌婆尼沙陀各派，释迦牟尼以后的小乘、大乘各派，通印度全民族的思想，对于现世界无一不是彻头彻尾的悲观；释迦牟尼佛正是这种悲观民族的产物，并不是因为有了释迦牟尼佛印度人的悲观思想才发生的。至于耶教不重宗族不尚悲观，也是地多临海，便于贸易往来，富于自由迁徙、勇于进取的社会造成的。我相信耶稣若生在中国，也必然主张夫妇、父子、君臣的伦理道德；孔子若生在印度，也必然是一个悲观厌世的宗教家；释迦牟尼若生在欧洲，也必然是一个主张自由进取的伟人。为什么呢？因为他们所在的社会都有支配他们思想的力量。

世界各民族中个人的伟大像这三大人物尚且是社会的产物，其他便不须讨论了。

又如非洲蛮人以斩杀仇人为道德，印度女子以自杀或自焚殉夫为道德，像这种个人的道德，他们自己必以为是他们个人的伟大，其实是社会一种恶俗造成他们个人的盲目行动。

又如一个城市里面公共卫生极不讲究，个人无论如何注意，在防疫底效果上总是力量很小。

又如现在的广州有许多很明白的人也坐轿，我敢说日后道路修好了，交通方便了，就是不明白的人也不肯坐轿。

又如现代就是教育程度极低的人也知道奴隶制度不好，但是在蓄奴社会的古代希腊，个人伟大的亚里斯多德竟主张奴隶制度不可废。

像这种个人必然受社会支配的例也不知有多少。前代的隐者，现代的新村运动及暗杀，都是个人主义教育结果底表现。前二者是想拿个人或一小部分人做改革社会底先驱或模范，后者是想除去社会上恶的一部分，好达到改良社会底目的。其实都是妄想，他们都不明白社会支配个人的力量十分伟大。要想改革社会，非从社会一般制度上着想不可。增加一两个善的分子，不能够使社会变为善良；除去一两个恶的分子，也不能够使社会变为不恶。反之，在善良社会里面，天资中等的人都能勉力为善；在恶社会里面，天资很高的人也往往习于作恶。譬如我们现在生存在这资本制度之下，无论如何道德高尚的人，他的生活能够不受资本主义支配吗？社会差不多是个人底模型，个人在社会里，方圆、大小都随着模型变，所以我敢说如果社会不善，而个人能够独善，乃是欺人的话。

我所以反复说明社会支配个人的力量比个人支配社会的力量大，并不是主张个人只要跟着社会走不须努力；不过在教育方面着想，我们既然不能否认社会的力量比个人大，我们便应当知道改革教育底注重点在社会不在个人了。因为人类的精力不可滥用，必须用得很经济；比方用十分精力去注重社会得十分效力，如注重个人不过得两三分效力，就是能得七八分效力，我们的精力也用得不经济了。精力用得不经济，减少教育的效力，这是旧教育个人主义底第一个缺点。

旧教育个人主义底第二个缺点，就是减少训练的效力。从实际经验上看起来：

（1）可见之于家庭教师底成绩。在家庭教师之下受教育的儿童，学科上或较优于学校的儿童，然对于社会的知识及秩序与公共观念之训练完全缺乏，最好的结果不过养成一个文弱的乖僻不解事的书痴。

（2）可见之于学校儿童底成绩。我们往往看见小学生在学校受训练时颇为活泼、守秩序、能合群，一入家庭、社会即与学校环境相反，在学校所受短时间的训练遂不发生效力。

（3）可见之于专门以上学生之成绩。我知道有许多学生，在学校读书时，品行很纯洁，志趣很高尚，很是一个有希望的青年；一旦出了学校，入了社会，马上就变成一个胸中无主的人，在社会里混久了，会变成一个毫无希望的恶人。这都因为个人主义的教育把教育与社会分离了，社会自社会，教育自教育，致使训练失了效力。

旧教育个人主义底第三个缺点，就是减少学术应用的效力。教育本是必需品不是奢侈品，个人主义的旧教育把教育与社会分为两件事，社会自社会，教育自教育，学生在社会中成了一种特殊阶级，学校在社会中成了一种特殊事业，社会上一般人眼中的学生、学校都是一种奢侈品、装饰品，不是他们生活所必需的东西。此种弊病，社会固应该负责任，而教育家至少也要负一半责任。农学生只知道读讲义，未曾种一亩地给农民看；工学生只知道在讲堂上画图，未曾在机械上、应用化学上供给实业界的需要；学矿物的记了许多外国名词，见了本地的动植物茫然不解；学经济学的懂得一些理论，抄下一些外国经济的统计，对于本地的经济状况毫无所知——像这等离开社会的教育，是不是减少学术应用的效力？因此社会上不感得教育之需要，不相信教育，教育家是不是应该负责任？救济这个弊病，惟有把社会与教育打成一片，一切教育都建设在社会底需要上面，不建设在造成个人的伟大底上面；无论设立农、工何项学校以及农、工学校何种科目，都必须适应学校所在地社会底需要以及产业、交通、原料各种状况。即以广东教育论，广州附近丝业颇盛，即应设立蚕桑学校，潮、惠富于海物及渔业，即应设立水产学校；北江多森林，即应设立森林学校；倘然把森林学校设在潮、惠沿海地方，水产学校设在北江，那便违反了社会需要的原则，减少学术应用的效力了。

第四个缺点就是旧教育的个人主义减少文化普及的效力。古时“纯粹的个人主义”之教育，不但是贵族的，而且是神秘的，一般著书立说的学者、文人务以藏之名山、传诸后世、造成个人名誉为目的，专以玄秘难解为高贵，通俗易解为浅陋；现时有许多学问很好的留学生不肯著书译书，恐怕坏了自己的名誉，正是承受了这种古代文人的陋习。现代“学校的个人主义”之教育，仍然不脱贵族的神秘的旧习惯，此种旧习惯底精神，完全可以由学校门首挂的“学校重地，闲人免进”的虎头牌表示出来。新教育对于一切学校底观念，都是为社会设立的，不是仅仅为一部学生设立的，自大学以至幼稚园，凡属图书馆、试验场、博物院，都应该公开，使社会上人人都能够享用——必如此，才能够将教育与社会打成一片；必如此，才能够使社会就是一个大的学校，学校就是一个小的社会；必如此，才能够造成社会化的学校、学校化的社会。现在各学校门首大书特书的“学校重地，闲人免进”，明明白白地是要把学校与社会截为两段，明明白白地是“学校的个人主义”，明明白白地是教育界的闭关主义，这种教育减少了文化普及底效力，也是明明白白的事。

以下再就教授方法下点批评，也可以看出新旧教育底根本不同及其好歹：

现在欧、美教育界有几句很流行的话：前代的教育是先生教学生，现代的教育是学生教先生。这话初听很觉奇怪，其实大有道理，是教训式的教授法和启发式的教授法不同底界说，是新教育底精神所在。现在在座各位不是教师就是师范生及热心教育的人，关于这点很望诸君注意！

医生诊病，必须详察病人底病状、病源才能开方，服药后底经过状况也是一毫都不能忽略的；若只凭主观的想像补药多吃，不但不能治病，恐怕还要杀人哩。哺养小儿也是这样，依照大人底意思来哺养小儿是不成的，全靠检查小儿底体温、血液需要、消化机能来做大人底指导；并且大人在此指导之下学得许多实际的知识，好过从书本上得来的。先生可以从学生得到许多经验、知识，且必须从学生学得充分的经验、知识，才能够教学生，也和医生诊病、大人哺养小儿一样。

旧教育是教学生应当如何如何，不应当如何如何，完全是教训的意味，不问学生理会不理会，总是这样教训下去，这正是先生教学生。新教育是要研究学生何以如何如何，何以不如何如何，怎样才能够使学生如何如何，怎样才能够使学生不如何如何，完全是启发的意味，是很要虚心去研究儿童心理，注重受教育者之反应。譬如在实验室试验理化，用什么方法，得什么反应，全靠对象底反应教我们知识；若试验者不注意反应，全凭主观的理想妄下方法，不但徒劳无功，而且在化学的试验上还要发生危险。启发式的新教育也是这样，事事须由学生之反应供给先生教授法之知识，这不是学生教先生吗？

教训式的教授法和启发式的教授法之不同及好歹，大概我们可以明白的了。

但我不是说中国的古代的教授方法一概都是教训式的，旧的；不是说欧、美各国的现代的教授方法一概都是启发式的，新的。中国古代教授方法也有是启发的，例如孔子答弟子问孝问仁没有一个相同，这不是他滑头，也不是他胸无定见，正是他因材利导启发式的教授方法。现代欧、美各国底教育还是教训式的居多，就是实验心理学新教授法最发达的美国，杜威式纯粹的启发教授法也只有一部分人在那里试办。所以新旧教育底区别，只是采取的主义和方法不同，并不是空间（国界）或时间（时代）底不同。

杜威先生曾说，中国的教育比日本更有希望，因为中国底教育方才着手，可以采用最新的方法，不像日本底教育制度已凝固，不易改用新法。杜威先生这话是中国主持教育的人都应该十分注意的！按照新的教授方法，我们学校里有许多学科要大加改革：

（一）伦理。伦理这科是教人应当如何如何，不应当如何如何，完全是教训式教育底代表，完全是没有效果的。人冷了才知道穿衣底必要，饿了才知道吃饭底必要，他若不觉得冷和饿，我们无论如何花言巧语劝他去穿衣吃饭，都完全是没有效果的。教训式的伦理科应该废除，在游戏体操以及对人接物时采用实际的训练方法，使儿童感觉道德之必要，使儿童道德的本能渐渐发展，这才真是伦理教育。

（二）历史。历史教员拿着一本历史教科书走上讲台，口中念念有词，什么蚩尤、黄帝、唐尧、虞舜、夏商周，小学生听了，真莫明其妙，惟有死记几个名词，备先生考问，毫无益处，毫无趣味，还不若叫他们去看戏，指着那个红花脸是黄帝，那个黑花脸是蚩尤，他们到[①]还有点兴趣。所以历史一科在小学校应该废去；就是教历史，也只可以教最小范围的乡土史，不应该教国史。

（三）地理。天天向小学生说什么伦敦、巴黎、柏林、北京、青海，他们懂得是什么？所以小学校只能教乡土地理，而乡土地理底第一课，就应该从本校讲堂教起。一间讲堂内有几许长，几许阔，几许高，几个窗，有些什么东西，这都是最好的材料、最好的教法。因为发展小儿观物推理力底程序，只能够由已知推到未知，很难有凭空超越的机会，学生在学校得了讲堂底长短、高低实际的观察方法，他们一出学校，便会自己推广到沿途所见及他们家里房屋底状况。这种实际观察的教授方法，比教学生死读教科书怎么样？比教学生死记一些无从养成小儿实际观察力的地名怎么样？

（四）理科。理科各科目不用说，更是要注重实物经验的了。但是小学的理科还要注重乡土的教材，各省的物产不同，各省小学的教材便不能一样。譬如在广州教理科，说到冰、雪这两件东西，我就不知道那位先生怎样能够解释得明白。广州有二十多年没下雪，香港有活着八十几岁没见过雪的人说雪像玻璃一样，大人尚且冰雪不分，何况小儿？先生若被学生质问怎样叫做冰，怎样叫做雪，我想那位先生除了叫学生牢记着“冰”

① 今作“倒”。

“雪”两个字不必问，或是令学生快去睡觉以外，恐怕没有第三个方法来圆满答复。

（五）图画手工。我见过许多学校陈列出好些很精致的手工和图画底成绩品，装潢学校底门面，内中有些教员代学生做成骗人的固然不值得批评，就真是学生自己做的，在外行看起来，必以为成绩很好，在懂得教育的人看起来，便不敢恭维了。因为教育品和美术品有很大的分别，我们不当把教育品看做美术品，若是教育品做成了美术品，便算是手工、图画底教育大失败，还说什么成绩呢？因为教育儿童直接的目的，不是马上要教他成一个圣贤学者，所以不用教伦理道德及历史、地理等知识；也不是马上要教他成一个艺术家，所以不用教他习美术品的手工、图画。教育儿童直接的目的，是要寻种种机会，用种种方法，训练儿童心身各种感官，使他各种器官及观察力、创造力、想像力、道德、情感等本能渐渐的自由生长发育。游戏、体操、手工、图画正是用做生长发育这些本能的工具，所以小学底游戏、体操不专是发育体力的，兼且是发育各种器官、肢体之感觉神经及运动神经反应的本能和道德情感的，所以小学底手工、图画不是教成艺术家的，是用他发育儿童观察力、创造力、想像力的。因为手工、图画底目的专在发育观察力、创造力、想像力，最好是听凭儿童喜欢做什么做什么，喜欢画什么画什么，使他观察、创造、想像的天才得以自由发展。若由先生底意思教他造成美术品，只算是先生自己的成绩，于儿童教育无关，这种教育可以叫做“填谱”的教育；一切“填谱”的教育都适以限制受教育者底智识自由活动而使其固定，且造成机械的、盲从的习惯，戕贼人类最可贵的创造天才，不单是在手工、图画教育如此。

（六）唱歌。唱歌是发育儿童美的感想。合唱比单唱好听，可以养成儿童共同协作的精神；按节拍比不按节拍好听，可以养成儿童遵守规律的习惯。惟选用歌词不可文雅，哥哥妹妹、小猫小狗、树著花、蝴蝶飞，这些眼前事象都是歌词底好材料。现在有许多小学底唱歌中，填满了国家、人群、社会、互助、平等、自由、博爱、牺牲种种抽象名词，这班人对于小学教育完全是门外汉，完全是迷信教训式的教育之结果。

由以上的讨论我们可以看出新教育底两个特点：

（一）新教育底主义和方法都和旧教育完全不同。

（二）新教育底效力大过旧教育。

一九二一，四，一

《每周评论》发刊词

自从德国打人败仗，“公理战胜强权”这句话几乎成了人人的口头禅。

列位要晓得什么是公理，什么是强权呢？简单说起来，凡合乎平等自由的，就是公理；倚仗自家强力，侵害他人平等自由的，就是强权。

德国倚仗着他的学问好，兵力强，专门侵害各国的平等自由，如今他[①]打得大败，稍微懂得点公理的协约国居然打胜了。这就叫做“公理战胜强权”。

这“公理战胜强权”的结果，世界各国的人都应该明白，无论对内对外，强权是靠不住的，公理是万万不能不讲的了。

美国大总统威尔逊屡次的演说都是光明正大，可算得现在世界上第一个好人。他说的话很多，其中顶要紧的是两主义：第一不许各国拿强权来侵害他国的平等自由，第二不许各国政府拿强权来侵害百姓的平等自由。这两个主义不正是讲公理不讲强权吗？我所以说他是世界上第一个好人。

我们发行这《每周评论》的宗旨，也就是“主张公理，反对强权”八个大字，只希望以后强权不战胜公理，便是人类万岁！本报万岁！

一九一八，十二，二二

① “五四”以前“他”兼称男性、女性以及一切事物。[见《现代汉语词典》（第7版）]

欧战后东洋民族之觉悟及要求

欧战后世界上各国的思想制度都要大大的[1]改变，这是逃不出的事实，人人都承认了。但是欧、美方面将来如何改变，暂且不去论他[2]。单讲我们东洋民族，对于世界这样的大变动，应有何种觉悟、何种要求，才能够适应这样大变的潮流，共图人类的幸福呢?

鄙人以为我们东洋民族，对于战后的觉悟和要求，最要紧的是对外、对内两件大事。

对外的觉悟和要求，是人类平等主义，是要欧、美人抛弃从来歧视颜色人种的偏见。

本年正月八日，美国威尔逊总统在国会宣布的条件第十四条，就是确定约章，组织国际联合会。其宗旨为各国交互保障其政治自由及土地统辖权;国无大小，一律享同等之利权。又九月二十八日，自由公债开幕时，威总统演说“组织国际联合会基本问题”中，有几句道:“一国或数国之武力，得以自由操纵他国人民之命运乎?”“强国得任意凌辱弱国，而侵夺其人民之利益而为己国用乎?”“吾人当视最弱国之利益犹神圣不可侵犯，若最强国之利益也。”(译文全照蒋梦麟君所译的《威尔逊参战演说》)

照威尔逊总统的说话，当然没有人种的偏见。这回平和会议，我们东洋各国列席的委员应该联合一气，首先提出“人类平等一概不得歧视”的意见，当作东洋各国第一重大的要求。此案倘能通过，他种欧、美各国对

---

① 当时用法，今作“地”。本篇下文同。

② “五四”以前“他”兼称男性、女性以及一切事物。[《现代汉语词典》(第7版)] 本篇下文同。

亚洲人不平等的待遇和各种不平等的条约便自然从根消灭了。较之取消限制移民、取消领事裁判权、改正协约关税等枝枝节节的提议，大方的多，扼要的[①]多。此案若是不能通过，要想永久的平和，岂不是做梦吗？天下事不平则鸣，恐怕大战争又在眼前。

对内的觉悟和要求，是抛弃军国主义，不许军阀把持政权。

用兵力侵略土地、镇压人民的时代已经过去了。现在纵然不说大同主义，不说弭兵主义，照德国战败的情形看起来，就算将来战争仍不能免，也不是军国主义军阀执政的国家能得最终胜利的了。因为军国主义的国家，人民出血汗担负的赋税，大部分用在海陆军。一班在职的军人，不能做工生产。海陆军年年扩充起来，岂不要弄得民穷财尽吗？况那班军阀，无论如何贤良有功，他那种武断政治，总是别种阶级人民自由发展的障碍，终久要惹起社会的不平。这不就是德国战败的原因吗？

至于那毫无知识、毫无功能，专门干预政治、破坏国法、马贼式的、恶丐式的军阀，那弊病更是不消说的了。一国的教育、实业倘能够充分发达，就是胜利的根本，并不在乎要有多数常备兵（美国就是榜样）。因为国民有了教育，海陆军人可以临时征集的。

战时最要紧的是军器和粮饷，这两样非有多数的科学家和实业家，如何办得了呢？那一样是军人自家的本领呢？所以有人说，现代的战争不是军人战争，简直是科学和经济的战争。

照此看来，战时还不能单倚仗着军人，平时为什么要养着这班无用而且害人的军人，好叫那班军阀们耀武扬威的拿势力来欺压平民呢？

现时东洋各国的当局，像中国的徐总统，像日本的原内阁，都从文人出身，总算是东洋和平的一线光明，也就是东洋各国国民的真正亲善种子。大家要明白东洋永久的和平，必须以国民的亲善为基础。因为国民的亲善才算真亲善，有真亲善才有真和平。单单军阀的亲善，不但是假亲

① 旧同“得”。

善，而且是破坏和平的种子。

此时要提防的，正是他们军阀在那里秘密亲善，来干些鬼鬼祟祟的勾当。只要有一方面军阀出头推翻文治主义的当局，那时国民的亲善、东洋的和平便成画饼了。

一九一八，十二，二十九

除三害

我刚写出这题目，有一位朋友见著，说：你是做戏评吗？我说：不是评那戏台上的旧戏，是评这中国政治舞台上的新戏。朋友说：你莫非要骂徐树铮、张作霖、倪嗣冲么？我说：不是，不是。你别忙，听我细细评论这中国的三害：

第一是军人害。世界上的军人都不是好东西，我们中国的军人算是更坏。威吓长官，欺压平民，包贩烟土，包贩私盐，只要洋枪在手，便杀人放火，打家劫舍，无恶不作。那为首的好汉还要借着这班“官土匪”的势力来逼迫总统，解散国会，抢夺军械，把持政权，破坏法律。直弄得全国人民除军人外都没有饭吃。这不是中国的大害吗？

第二是官僚害。我所说的官僚，并不是政治学上所谓“官僚政治”的官僚。官僚政治，是中央、地方所有的行政都归官办，自然不及人民自治的政制完善，却非那官僚本身的罪恶。我所说的官僚乃是中国式的官僚。一生的志愿，长在谋官做，刮地皮，逢迎权贵，欺压平民。国法是什么，官规是什么，地方的利弊是什么，人民的苦乐是什么，一概不问；一心只想发点财，回家享福。其中厚脸的角色还要自夸有经验、重道德。拼命的[①]勾结门生故旧，把持政权。拼命的抑制那新思想、新人物，不许他[②]丝毫发展。不问是前清的旧官僚，或是民国的新官僚，不问是目不识丁的蠢物，或是学贯中外的名流，但凡官僚犯了以上所说的毛病，我就认定他为

① 当时用法，今作“地”。本篇下文同。

② “五四”以前“他”兼称男性、女性以及一切事物。[见《现代汉语词典》（第7版）]

害中国不在军人之下。

第三是政客害。政客先生们口里也说军人和官僚不好。我们当初也只望他们比军人、官僚稍胜一筹。照他们现在的行为看起来，实在令人不敢佩服。其中固然不能说没有好人。但是大多数的政客，有的是依附军人的新官僚，有的是混入政客的旧官僚，有的是改扮政客的军人。满口的政治、法律，表面上虽然比军人官僚文明的[①]多，但是用光X线一照，他们那抢钱抢位置的心眼儿，都和军人、官僚是一样。跑到北方就说要保全中央的威信，跑到南方就说要护法。到了和他位置有关系的时候，什么中央威信，什么护法，都可以牺牲的。这几年政治的紊乱，就说不是他们兴风作浪，却未见那[②]一党那一派的政客堂堂正正的发表政见，诉诸舆论，来贯彻他的主张，都是鬼鬼祟祟的单独行动，东去运动督军，西去联络名流，忙着开什么和平会，把疏通一切法律问题和政治问题都当作将来自己做总理、做总长、做次长、做省长、做道尹、做县知事、当厘金差事的手段。把这班政客烧成了灰，用五千倍的显微镜也寻不出一粒为国为民的分子来。

并不是我好张口骂人。我们问问良心：中国若不除去这三害，政治能有清宁的日子吗？

若想除这三害，第一，一般国民要有参预政治的觉悟，对于这三害，要有相当的示威运动。第二，社会中坚分子应该挺身出头，组织有政见的、有良心的依赖国民为后援的政党，来扫荡无政见的、无良心的依赖特殊势力为后援的狗党。

一九一九，一，十九

① 旧同“得”。

② 旧同“哪”。本篇下文同。

烧烟土

此次烧毁上海存土，我总以为是正当办法。第一理由，就是可以表示政府禁烟的决心。第二理由，就是这种害人的毒物，除去一点好一点。但是有许多人主张不烧，把他送给欧、美红十字会。他们主张的理由，是说把许多值钱的烟土平白地烧了，不合经济原则。我说这土若不烧毁，万一私下卖出去，吸烟的人越多，国民生产力越发低减，这又合经济的原则吗？

有的人说：各省烟苗和存土多得很，单烧这点土没用处。我说：不然。譬如有人说，世上做恶事的人多得很，我从前做这点恶事不打紧。像这种见解能算不错吗？

有的人说：把这土送红十字会，做欧战养恤伤兵的费，也算稍尽参战的义务，比烧了不好吗？我说：红十字会收了这大宗烟土，还是做药，还是卖给人吸呢？若说做药，拿许多烟土来做药，真是骇人听闻。税务司答万国禁烟会代表徐维绘的话道："把关栈中充公的私土赠送诸协约国红十字会，已绰乎有余。"若是还卖给人吸，这种参战的义务不尽也罢。

最奇怪是讲礼法道德的康南海也反对焚土，打电报给政府，说什么"政贵有渐"，"果决非行人之宜"，又说"验土恐展转株连，将别成巨案"，主张把存土分送罗斯福的家属和红十字会，其余的用作赈济川、湘难民，立大学，开马路。我不说别的刻薄话，只问康先生一句：应该用什么方法把烟土变成金钱，来做这许多好事？

令人万分难解的，就是以禁烟为目的之万国禁烟会和普益禁烟会，也反对焚土。那普益禁烟会的代表萧同荣公然在会场偷取烟土。这事如若不假，他们反对焚土的意思，大家就应该明白了。

又有一种反对焚土的见解，说是上海存土已经有短少掺假的弊病，现在想烧了灭迹。中国官场作弊的本领太大，萧同荣偷土的事，正是因他查的[①]太严，故意栽诬他的。所以不如送给红十字会，将来还可以发见存土损失的证据。这种理由，颇有研究的价值。但是我也有几种疑问：

第一，除唐少川的电报有“隐没贿据之疑问”外，其他团体并没有堂堂正正发表存土的黑幕，主张必须交红十字会方免烧土灭迹的疑问。

第二，康南海反对焚土电中，说“验土恐展转株连，将别成巨案”，却是烧土反不能灭迹的见解。

第三，萧某偷土既是打算焚土灭迹的人的栽诬，他何以不发表焚土灭迹的黑幕？何以普益禁烟会长声明“萧同荣原非本会中人，更无所谓本会代表，只据以伊系属土商出身，经人介绍为临时监视员”呢？

第一，我们希望的，是监视焚土的各团体，若真正见的焚土是隐没贿据的奸计，何妨明白反对，不必支支吾吾说什么“损失巨款”“废物利用”的话。

第二，是政府的委员要发点天良办理此事。不要因为贪贿赂或是怕得罪人，拿焚土禁烟的好名义把官场黑暗史上添一段纪事。

一九一九，一，二六

---

① 旧同“得”。

请问蒋观云先生

国事这样纠纷，立在主人地位的国民理当出头过问。所以开合法国民大会的办法，我们并不反对。但是蒋观云先生寄某君的信中所论国民大会，我们颇有不解的地方，现在写出几条，要请蒋先生指教：

（一）先生所主张的国民大会，是合法的选举组织还是不经选举的自由集合？

（二）选举的组织，自然是合法。但是中国土地如此之大，人口如此之多，交通如此不便，若候国民大会来解决时局，是否时势所许？

（三）若是自由集合，这会员的资格是如何规定，从何处得来？国民有可以不守法律的万能吗？

（四）若由教育会、商会、省议会推选野贤组织，那非教育会、商会、省议会的国民便没有推举代表的资格吗？那在野而不贤的老百姓便没有说话的资格吗？这贤不贤的标准又是何人用何法来核定呢？

（五）若是野贤自由集合的团体便打起国民大会的招牌，那我们各党各派非野贤的老百姓都也来集合一个国民大会。那时有了“双包案”“三包案”的国民大会，好说那[①]个是真那个是假呢？

（六）蒋先生自己说“其意以为共和国家，主权在民。议员为人民代表，不许更有第二种人主持国是。吾以为共和国家，论理此言极是”。何以又骂他们是“议员皇帝”呢？

（七）集会演说，做报评论，发电主张，不都是老百姓讲话的法子吗？

---

① 旧同“哪”。本篇下文同。

何以必须设个非法的国民大会，才算是能讲话呢？

（八）老百姓的发言权固然无人能来剥夺，但是一部分的老百姓可以自居为全体老百姓来发言吗？

一九一九，一，二六

人种差别待遇问题

自正义、公理、人道而论，人种差别待遇是应该反对的。所以我曾主张东洋民族应该在世界平和会议提出人种平等的意见，合力要求（见二号《每周评论》社论）。日本特使居然在巴黎提议此案，当时我们听了，大为佩服。不知因为什么缘故，又鬼鬼祟祟的自行撤回，我们听了，又大为失望。现在不知道又因为什么缘故，日本人又大吹大擂的提出这个问题，而且因为这问题，特地不满意于美国，更特地不满意于威尔逊总统。

在道理上说起来，黑人姑且不论，我们黄色人种的文明和经济程度，将来都很有希望。就以现在而论，虽然比不上白色人，也未必到了应该受差别待遇的程度。此时巴黎会议，既然是打算在世界永久的和平上着想，我们黄色人种散在世界各国的狠[①]多，若不打破那人种差别待遇的观念，日后酿成黄色人种不平之声，岂不是世界永久和平的障碍吗？

所以日本人这种提议，我们当然是根本上赞成的。但是我们中国人有应该注意的几件事：

第一是我们中国人应当联合全体的黄种人，正正堂堂的[②]同巴黎会议要求平等的待遇，不能附属日本，做美、日对抗的机械。

第二是我们中国内地还没有十分开辟，边界荒地更多，用不着向国外移民。所要求的是华工及侨商的待遇，和日本移民政策的内容不同。

---

① 旧同“很”。

② 当时用法，今作“地”。

第三是我们黄人既然对于白人要求平等待遇，我们黄人自己对于黄人先要平等待遇。若是我们黄人对于黄人的什么在中国的特殊地位和在朝鲜的主属关系不能打破，还有什么面孔向白人要求平等待遇呢?

一九一九，三，九

关于北京大学的谣言

迷顽可怜的国故党，看见《新青年》杂志里面有几篇大学教习做的文章，他们因为反对《新青年》，便对大学造了种种谣言，其实连影儿也没有。这种谣言传的[①]很远，大家都信以为真，因此北京、上海各报也就加了许多批评。

上海《时事新报》说道："今以出版物之关系，而国立之大学教员被驱逐，则思想自由何在？学说自由何在？以堂堂一国学术精华所萃之学府，无端遭此侮辱，吾不遑为陈、胡诸君惜，吾不禁为吾国学术前途危。愿全国学界对于此事速加以确实调查，而谋取以对付之方法，毋使庄严神圣之教育机关，永被此暗无天日之虐待也。"

上海《中华新报》说道："北京大学教授陈独秀等创文学革命之论，那般老腐败怕威信失坠、饭碗打破，遂拼命为轨道外的反对，利用他狗屁不值人家一钱的权力，要想用'驱逐'二字吓人。这本来是他们的人格问题，真不值污我这枝笔。"

《中华新报》又说道："北京非首善之区乎？大学校非所谓神圣之学府乎？今之当局者非以文治号召中外者乎？其待士也如此。呜呼！我有以知其前途矣。"

《中华新报》又说道："自此事之起，舆论界及一般新教育界当然义愤之极，以为这是辱没了学者，四君等当然不能受此奇耻。惟记者以为究竟是谁的耻辱？与其曰受者之耻辱，毋宁曰施者之耻辱，与其曰四君等之耻

① 旧同"得"。

辱，毋宁曰中国全体民族之耻辱。”

上海《民国日报》说道：“自蔡孑民君长北京大学而后，残清腐败始扫地以尽（中略），而其出版品如《新青年》《新潮》等，尤于举世简陋自封之中，独开中国学术思想之新纪元。举国学者方奔赴弗遑，作同声之应，以相发辉[①]光大，培国家之大本，立学术之宏基，不图发轫方始，主其事者之数人竟为恶政治势力所摈，而遂弃此大学以去也。”

北京《晨报》说道：“思想自由，讲学自由，尤属神圣不可侵犯之事，安得以强力遏抑？稍文明之国家，当不至有此怪谬之事实。故连日每有所闻，未敢据以登载。嗣经详细调查，知此说实绝无影响。不过因顽旧者流疾视新派，又不能光明磊落在学理上相为辩争，故造此流言，聊且快意而已。”

北京《国民公报》说道：“今日之新思想，实有一种不可过抑之潜势力。必欲逆此势力而与之抗，徒然增一番新旧之冲突而已（中略）。昧者不察，对于新者嫉之若仇。果使旧思想在今日有可以存之理由，记者亦将是认之，而无如其否也。记者往尝读书，常怀一疑问，即孔、孟之言何以不许人有是否于其间？昔日之帝王实以是术愚民，今而后非其时矣。”

对于新思想存在的价值，和政府不当干涉言论思想的理由，上海、北京各报都说得很痛快，无须我再说。而且政府并没有干涉，更不必“无的放矢”了。但是对于国故党造谣的心理，我却有点感想。

这感想是什么呢？就是中国人有“倚靠权势”“暗地造谣”两种恶根性。对待反对派，决不拿出自己的知识、本领来正正堂堂的[②]争辩，总喜欢用“倚靠权势”“暗地造谣”两种武器。民国八年以来的政象，除了这两种恶根性流行以外，还有别样正当的政治活动吗？此次迷顽可怜的国故党对于大学创造谣言，也就是这两种恶根性的表现。

---

① 今作“发挥”。

② 当时用法，今作“地”。

这班国故党中，现在我们知道的，只有《新申报》里《荆生》的著者林琴南和《神州日报》的通信记者张厚载两人。林琴南怀恨《新青年》，就因为他们反对孔教和旧文学。其实林琴南所作的笔记和所译的小说，在真正旧文学家看起来，也就不旧不雅了。他所崇拜所希望的那位伟丈夫荆生，正是孔夫子不愿会见的阳货一流人物。这两件事，要请林先生拿出良心来仔细思量！

张厚载因为旧戏问题，和《新青年》反对，这事尽可从容辩论，不必借传播谣言来中伤异己。若说是无心传播，试问身为大学学生，对于本校的新闻还要闭着眼睛说梦话，做那“无聊的通信”（这是张厚载对胡适君谢罪信里的话，见十日《北京大学日刊》），岂不失了新闻记者的资格吗？若说是有心传播，更要发生人格问题了！

《新青年》所讨论的，不过是文学、孔教、戏剧、守节、扶乩这几个很平常问题，并不算什么新奇的议论，以后世界新思想的潮流将要涌到中国来的很多。我盼望大家只可据理争辩，不用那“倚靠权势”“暗地造谣”两种武器才好。

一九一九，三，十六

朝鲜独立运动之感想

这回朝鲜的独立运动伟大、诚恳、悲壮，有明了、正确的观念，用民意不用武力，开世界革命史的新纪元。我们对之有赞美、哀伤、兴奋、希望、惭愧种种感想。

我们希望朝鲜人的自由思想从此继续发展。我们相信朝鲜民族独立自治的光荣不久就可以发现。我们希望朝鲜独立以后，仍然保守今日“用民意不用武力”的态度，永远不招一兵，不造一弹，做世界上各民族新结合（不叫做国）的模范。受过军国侵略主义痛苦的人，当然抛弃军国侵略主义。既然抛弃军国侵略主义，当然没有养兵的必要。

我们希望日本人，纵然不能即时承认朝鲜独立，也应当减少驻留朝鲜的军警，许他们有相当的自治权利。第一对于这回参加独立运动的人，一概不加以刑罚，正所以表示日本人的文明程度。因为这回独立运动，乃是朝鲜人的正当权利，并没有触犯日本的国体和扰乱日本国的安宁、秩序。我想富于自由独立大和魂的日本人，对于朝鲜人这回悲壮的失败，都应该流几点同情的热泪。

有了朝鲜民族活动光荣，更见得我们中国民族萎靡的耻辱。共和已经八年，一般国民不曾一天有明了、正确意识的活动。（辛亥革命，大半是盗贼、无赖借光复的名义抢劫。）国民和政治，隔离得千百丈远。任凭本国和外国的军阀联合压迫，不敢有丝毫反抗。西南护法军竟和国民分做两截。不但乡下的农民老百姓不敢做声，就是哶哶叫①的名流、绅士、政客、

① 原文如此。

商人、教育界，都公然自己取消了主人翁国民的资格，降作第三者来调和政局。请看这回朝鲜人的活动，是不是因为没有武器便不敢反抗，便抛弃主人翁资格来做第三者？我们比起朝鲜人来，真是惭愧无地！

这回朝鲜参加独立运动的人，以学生和基督教徒最多。因此我们更感觉教育普及的必要，我们从此不敢轻视基督教。但是中国现在的学生和基督教徒，何以都是死气沉沉？

一九一九，三，二二

为什么要南北分立？

——南北人民分立呢，还是南北特殊势力分立呢？

前年张勋复辟的时候，我曾主张仿奥、匈制度南北分治。那时我的意思，以为中国无论南北，都有一大部分人相信君主政治或大权政治，不妨画定北方几省，让他们去过那“磕头请安”“打板子”的生活。那相信欧、美自由政治的人，可在南方另设自治政府和国会。免得南北意见分歧，种种都说不到一处。

但是现在细细想起来，我这种观察很浅薄，我这种主张很卤莽灭裂。

听说上海会议的南北代表中，颇有主张南北分立的人。我就简单问他们一句：“为什么要南北分立？”

我不是迷信统一的人，但主张分立也须有个理由。在人种、宗教、语言，历史上当然不发生南北分立的问题。他们回答的唯一理由，必说是“因为南北政见不同”。

我以为他们所持的这个理由，和我从前所想的是同样的观察浅薄。除了人种、宗教、语言历史不同以外，多年共同生活的国民，实没有分立的理由。

若因为政见不同便主张分立，这理由却十分薄弱：

（一）全国民的政见，永远没有相同的时候。要因政见不同而分立，必至人人分立而后已，便永远没有公同[①]生活的组织。

（二）所谓不同的政见，第一层要分别他[②]是南北两方人民的意思，还

---

① 今作“共同”。

② “五四”以前“他”兼称男性、女性以及一切事物。［见《现代汉语词典》（第7版）］本篇下文同。

是少数野心家的意思；第二层要分别他是正当的政见或是不正当。若是少数野心家不正当的政见（例如从前南美蓄奴制度，和此时中国北方军阀的军治主义），就应该用多数民意正当的政见来征服他们才是。不应该承认他们利用分立的名义，施行他们的野心和不正当的政见。

说南北政见不同应当分立的人，必是假定南方人相信自由政治，北方人相信大权政治和军国主义，南北政见如此不同，所以只好分立。我看南方人是否都相信自由政治这个问题且不必讨论。试问相信大权政治和军国主义是北方多数人民的意思，还是少数野心家不正当的政见呢？若真正是多数民意，或者还可以分立。若是少数野心家不正当的政见，便万万没有分立的理由了。因为一国的分裂，既没有人种、宗教、语言、历史上异同问题，又非出于利害、感情的真正民意，但凭少数野心家不正当的政见，便把国家分裂起来，这只可以叫做“割据”，不能叫做“分立”。

果然要实行分立，请问这南北的界线是如何分法？若是由军人政客们以意为之，那沿江各省属南属北，用什么来做标准呢？若是以西南护法几省属南，其余的都属北，那湖北、安徽、江西、江苏、浙江、福建六省的人难道都是相信大权政治、军国主义吗？若依各省人民投票决定，现在军治下的人民能自由表示意思吗？

我看解决中国政治问题的根本要点，不在南北分立与否，而在能否合舆论的内力和友邦的外力，铲除这南北军阀的特殊势力。倘能铲除这特殊势力，不但南北分立不成问题，就是什么陕西问题，福建问题，湖南问题，川、滇问题，粤、桂问题，湘、桂问题，也都根本解决了。这种特殊势力倘不能铲除，就是南北果然分立，北方且不必论，那南方将来层出不穷的唐、陆，川、滇，粤、桂，湘、桂，种种问题，试问如何解决？试问有什么方法可以调和、团结这种种利害、感情冲突的特殊势力，来建设南方的自由政治呢？难道又牺牲民意的本位，来就特殊势力的本位，分立什么“滇国”“桂国”吗？

仅就一时特殊势力、少数野心家造成的现象，便主张毫无民意根据的南北分立，固然没有理由，就是那理由充足、有历史习惯根据的各省地方分治，在军阀特殊势力未铲除以前，也没有主张的价值。因为军阀不铲除，无论名义上是南北分立，或是各省地方分治，那实质上都是“藩镇割据”，和地方分权、人民自治的精神隔得太远。

一九一九，三，廿三

贫民的哭声

“肚子饿极了，我们两天没得吃了。想问对门借点米熬粥喝，怎奈他们的口粮还没领下来，也在那里愁眉叹气。”

“好冷呀！老天为什么又要下雪？这风雪从窗户吹进来还不打紧，只是从屋顶漏湿了一家人这条破被，怎么好！”

“我的可怜的丈夫，他拉车累的[①]吐血死了，如今我的儿子又在这大风雪中拉车，可怜我那十二岁的孩子，拉一步喘一口气！”

“我七十一岁的爸爸，昨天拉煤回来，不知道怎么一到家倒在地下，就死了。像这样热的六月天气，没有棺材收尸怎么好！”

“我家娘儿俩没饭吃，把我卖到窑子里，天天挨打挨骂受不了，要求巡警老爷做主。”

这是北京城里一片贫民的哭声！

据警察厅最近的调查，北京人口合共有男女九十三万二千五百四十名。那纯粹没有职业的贫民，占十分之一。东洋车夫有四万多人。排字的工人，差不多有一万。公娼私娼，总也在一万人以外。北京城里九十几万人当中，要算这十几万人最苦恼了。

这十几万苦恼的人，常常发出他们可怜的哭声，我们七十几万市民都听见没有？

这十几万人，何以到了这样苦恼的境遇？懒惰、没有能力并不是他们人人造成苦恼的唯一原因。有些享福的老爷太太能力不比他们高，而且比

---

① 旧同“得”。

有些贫苦的人还要懒惰十倍。

那么到底是什么缘故呢？

在欧、美各国，他们贫富悬隔的原因乃是有钱的人开设工厂，雇用许多穷人替他做工，做出来的钱财大部分进了他的腰包，把一小部分发给工人，叫做工价。工厂越大越多，那少数开工厂的资本家越富，那无数做工的穷人仍旧是穷。所以穷苦的工人时常和开工厂的资本家为难，渐渐造成那无产阶级对于有产阶级的社会革命，这就是现在各国顶紧急顶重大的问题。

我们中国却不是这样。那有钱的人，他的钱还不是费了些心血开设工厂赚来的，乃是做文武官卖国、借款拿回扣搜刮抢劫来的。通国的钱财，都归到这班文武官和他们子孙的手里。弄得中等人家仅能够穿衣吃饭，穷苦的人连衣食都没有，若是有工厂去做牛马似的苦工来糊口，还算是福气。

北京城里头一个懒惰无能力而且奢侈的，就是溥仪那一家人。他家有多少人口，凭什么一年要用什么皇室经费几百万？只要他省出十分的一二来，办几个贫民工厂，也可以帮北京的满、汉穷人开一条生路，免得他们男的没饭吃去拉车，女的没饭吃去卖淫。

今天这样捐，明天那样税，弄得民穷财尽。钱用到那[①]里去了？替人民办了什么事？呵！呵！我知道了：养了议员去嫖赌，恭维督军。养了文官去刮地皮，借外债、卖路矿得回扣。养了武官去杀人、抢劫、贩卖烟土。养了法官、警察官去捉拿那贫苦的烟犯、赌犯来罚钱。现在的时代，还无人敢说政府官吏没什么用处。可惜他们的功效，只造成一片贫民的哭声！

这班文武官，用卖路矿、借外债拿回扣、搜刮抢劫、贩卖烟土种种手段，将通国的钱财聚在自手里享用，还留给那懒惰无能力的子孙享用，天

① 旧同“哪”。本篇下文同。

天吃燕窝，打扑克，逛花园，跑汽车。那不能卖路矿、借外债得回扣，不敢搜刮抢劫贩卖烟土的良民，当然穷得没衣着，没饭吃。

现在人心大变了，马上就要和从前两样。所以欧、美、日本连政府也都在那里赶紧讲究什么贫民生计、保护劳工、劳工组合、劳工教育、分配公平、遗产归公等等政策，好预防那社会革命。

我们中国的文武官，还正在那里聚精会神、兴高彩烈①的②弄那造孽的钱，预备一辈子享用、子孙万代享用。他们那里知道什么社会革命！他们那里听见什么贫民的哭声！就是听了那可怜的哭声，也只笑着说道：这是他们命该如此！

单是北京一处，就有十几万苦恼的人发出他们可怜的哭声，这不是一个小问题。

我想这可怜的哭声，早晚就要叫他们听见，叫他们注意，叫他们头痛，最后还要叫他们发出同样的哭声！

一九一九，四，二七

① 今作“兴高采烈”。

② 当时用法，今作“地”。

对日外交的根本罪恶

——造成这根本罪恶的人是谁?

国民呵！爱国学生诸君呵！外交协会诸君呵！我们对日外交，差不多十有九分是失败的了！而且我们对日外交的失败，又何止一个“山东问题”！眼前已经是可悲可惨，日后亡国的可悲可惨更加十倍百倍千倍万倍无量数倍呵！

是什么没良心的畜生造成我们这样悲惨的境遇?!

日本人因为自国的权利欺压我们，这是他们被狭隘的爱国心所驱使的，我们不必怨他。曹、陆、章等亲日派固然有相当的罪恶，但是他们不过是造成罪恶的一种机械，种种罪恶的根本罪恶还不在曹、陆、章诸人，我们也不必专门怨他。

况且曹、陆、章等未必真有卖国的行为，他们如果卖国，政府怎肯让他们都站在重要的地位?

曾记得袁世凯要做皇帝的时候，革命党用炸弹打了薛大可所办的亚细亚报馆，薛大可大叫冤屈。现在曹、陆、章等也受了同样的冤屈。

欺压我国的日本人为了“山东问题”，正在他们国里日比谷公园开国民大会，好几万个人天天闹个不休，他们的政府不曾丝毫干涉，他们是何等高兴? 我们被日本欺压的中国人，也为了“山东问题”，想在中央公园开国民大会，做政府的后盾，政府却拿武力来殴逐国民，不许集会，满街军警，断绝交通，好像对敌开战一般。日本人看了岂不活活笑死!

若说是恐怕破坏安宁秩序，尽可多派警察监视，也没有事前揣测就要剥夺人民集会自由权的道理。若说恐怕和前回学生一样闹出事来，前回学生集会被害的只曹、章两人，公共的秩序安宁并没有丝毫扰乱。政府无故禁止国民集会，对于欺压中国的日本，亲善主义固然表示得十足，但是对于被日本欺压的本国的人民怎么样？

曹、陆、章等究竟有没有卖国的事实，姑且不论。但是他们的恶名已经遍传全国，无人不知，无人不晓。他们自己不曾辩明，又不避嫌辞职。政府也不避嫌，仍旧把他们放在重要地位，我真百思不得其解。

汪大燮、林长民都曾经做过政府的阁员，现在也还居政府中有责任的地位，对于卖国党都发过有责任的言论。究竟谁是谁非，政府何以置之不理？

听说司法界因为学生聚众事件，正在搜查证据，预备提起公诉。试问政府官吏有了卖国的评判，检察官有没有搜查证据、提起公诉的责任？司法官是否可以在司法独立的美名之下，因私交紊乱国法？

就说二十一条辱国的密约，是日本用兵力迫胁的，试问拿军事协定和济顺、高徐的合同，去换军械、军费杀南方的百姓，也是日本用兵力迫胁的吗？参战借款和济顺、高徐的垫款，都不过因为区区日金二千万，便把重要兵权和山东权利轻轻送与日本，这是什么勾当？此外还有许多铁路、矿山、电话、森林，都用贱价卖给日本，到底是何人主持，是何人经手？是不是日本用兵力迫胁的？

甘心把本国重大的权利、财产，向日本换军械、军费来杀戮本国人，这是什么罪恶？造成这罪恶的到底是什么人？

国民发挥爱国心做政府的后援，这是国家的最大幸事。我们中国现在有什么力量抵抗外人？全靠国民团结一致的爱国心，或者可以唤起列国的同情，帮我们说点公道话。人心已死的中国国民向来没有团结一致的爱国心，这是外国人顶看不起中国人的地方，这是中国顶可伤心的现象。现在可怜只有一部分的学生团体，稍微发出一点人心还未死尽的一线生机。仅此一线生机，政府还要将他[①]斩尽杀绝，说他们不应该干涉政治，把他们

① “五四”以前“他”兼称男性、女性以及一切事物。［见《现代汉语词典》（第7版）］

送交法庭讯办。像这样办法，是要中国人心死尽，是要国民没丝毫爱国心，是要无论外国怎样欺压中国，政府外交无论怎样失败，国民都应当哑口无言。不然便要送交法庭，加上他一个干涉政治、扰害公安的罪名。这样办法好极了！好极了！

禁止国民集会，拿办爱国的学生，逼走大学校长，总算对得起日本人了！听说亲日的军阀派还要解散大学、封禁报馆哩！这也未免过于要好了！你们可晓得，有许多富于爱国心的国民现在虽没有像学生这样出头说话，看见你们这样行径，都在那里暗中落泪呵！

曹、陆不过是一种机械，章宗祥更不比曹、陆，他的罪恶，只是他的现职连累了他，此外也没有什么特别积极卖国的大罪恶。国民呵！爱国学生诸君呵！外交协会诸君呵！你们若是当真把这根本大罪恶都加在曹、陆、章诸人身上，实在冤屈了他们呵！

一九一九，五，十一

孔教研究

四月三十日北京《顺天时报》上有一篇论说，题目叫做《孔教研究之必要》。细看他文章的内容，题目应该改做“孔教拥护之必要”才对。因为他开口便说：“新学白话文之鼓吹，乃为知识普及社会进步起见，吾人极表赞成，当俟别论。至排击孔教，则为吾人所不取。”他已经决定不取排击孔教，便不是研究的态度了。若取研究的态度，将来研究的结果，排击或是拥护，却不能预定的。

我对于这篇论说，分析起来，觉得他有三个谬误的观念：

第一，不以能否适合现代社会定孔教价值。他说：“孔教由其文字之表面观之，固多不适于现时。例如君臣之义，全然为共和国所无。即关于亲子、夫妇之道，及其他关于一般道德之说明，亦多与现代人心不甚相合。盖现代于法律上、政治上、经济上，均认人类个人之平等同受国家之保障。于是亲子、夫妇及其他一切人与人的关系，自与古时‘以人类不平等为原则之时代’不能相同。仅就此等处排斥孔教，以为不合于时势，亦可谓不思之甚矣。”我们反对孔教，并不是反对孔子个人，也不是说他[1]在古代社会无价值。不过因他不能支配现代人心，适合现代潮流，还有一班人硬要拿他出来压迫现代人心，抵抗现代潮流，成了我们社会进化的最大障碍。《顺天》记者既然承认孔教在法律上、政治上、经济上都和现代社会人心不合，不知道我们还要尊崇孔教的理由在那[2]里？

---

① “五四”以前“他”兼称男性、女性以及一切事物。［见《现代汉语词典》（第7版）］本篇下文同。

② 旧同“哪”。本篇下文同。

第二，不在遗书文字上研究孔教教义。他说：“凡文字不可拘泥读之，所可读者乃其精神。今欲知孔子，若专就其遗书详细解释，终难得其真相。”又说：“至其研究之方法，则不可拘泥文字，更不可为古人之解释所拘束。……倘为朱熹、王阳明之徒所束缚，则必难得孔子之真意矣。”我对于这几段话，发生了左列[①]两个疑问：

（1）孔教非自心现量不立语言文字的佛教可比，又不能在乩坛上请孔子的灵魂来自己说明，除了依据遗书文字和后儒的解释以外，还有什么研究的材料？

（2）除了君臣、亲子、夫妇（三纲）之道及其他关于一般道德之说明，孔子的“精神”“真相”“真意”究竟是什么？

第三，不以孔子生存时学说主张为根本。他说：“论者欲知孔子之真义，请先假定孔子生于现代，与己对座，自为颜、曾诸子，对孔子发问，而思孔子将为如何之回答。试观孔子当时对颜子、曾子、子贡、子路诸人之问答，各异其趣。可知孔于若对于现代之吾人，其所答者，必更与告诸子者判若霄壤，自不待言。试思之，使孔子对于林琴南氏将如何答之乎？对于陈独秀氏将如何答之乎？使孔子生于个人平等共和制之现代，而为新闻记者，则其所论又将如何乎？”我对于这一段话，也有几个疑问如左：

（1）孔子答现代人的话究竟如何，《顺天》记者和我都不曾在乩坛上听过，都不能够凭空断定他对不对。但是他生存时所答颜、曾诸子的话虽然各异其趣，试问有没有和他平常君臣、亲子、夫妇之道及其他关于一般道德之说明大有不同的地方？

（2）对于已往的人，无论他生存时学说主张如何，若可以假定他生在现代，他的学说主张就能合现代潮流，必和他生存时不同，就断定他有尊崇的价值，那么我们对于秦始皇、张献忠、拿破仑、梅特涅等人，也都可以这样假定吗？那么我们对于自古以来学说不完全不正确的学者，也都可

① 原书竖排，从右至左读，故曰“左列”。本篇下文同。

以这样假定吗?

（3）就假定孔子生存在现代，他的学说主张必合现代潮流，必然可以施行，必然可以尊崇，可惜他现在还没有像耶稣那样复活起来，给我们一点新教训。我们只能研究未复活以前，他的旧教训的价值在那里，未复活以前，他的君臣、亲子、夫妇之道及其他关于一般道德的说明，对于现代生活和世界潮流，还有施行尊崇的必要没有。

一九一九，五，四

为山东问题敬告各方面

（一）敬告协约国国民

呵！现在还是强盗的世界！现在还是公理不敌强权时代！可怜为公理破产的比利时，所得权利尚不及亲德的日本，还有什么公理可说？横竖是强权世界，我们中国人也不必拿公理的话头来责备协约国了。但是拿破仑时代的世界大战争了后，仍是强权得势，所以造成第二次大战争。这次威廉时代的世界大战了后，仍是强权得势，恐怕又要造成第三次大战争。要想免第三次大战争的痛苦，非改造人类的思想，从根本上取消这蔑弃公理的强权不可。什么“国际竞争”，什么“对外发展”，什么“强国主义”，什么“强力即正义”，都是造成世界大战的根本原因。有因必有果，将来受这痛苦的，却不单是我们中国人，希望诸协约国国民都要有点觉悟，别做第二德意志。

（二）敬告中国国民

“对外发展主义”固然是中国人现在做不到的，而且我们也不赞成这不合公理的思想。但是“民族自卫主义”（就是在国土以内不受他民族侵害的主义），我们是绝对赞成的。若因民族自卫，就是起了黑暗无人道的战争，我们都不反对。现在日本侵害了我们的东三省，不算事，又要侵害我们的山东，这是我们国民全体的存亡问题，应该发挥民族自卫的精神，无论是学界、政客、商人、劳工、农夫、警察、当兵的、做官的、议员、乞丐、新闻记者，都出来反对日本及亲日派才是。万万不能把山东问题当做山东一省人的存亡问题，万万不能单让学生和政客奔走呼号，别的国民都站在第三者地位袖手旁观，更绝对的万万不能批评学生和政客的不是。像这种全体国民的存亡大问题，可怜只有一部分爱国的学生和政客出来热心奔走呼号，别的国民都站在旁边不问，已经是放弃责任不成话说了。若还不要脸，帮着日本人说学生不该干涉政治、不该暴动，又说是政客利用煽动（全体国民那个不应该出来煽动？煽动国民爱国自卫，有什么错处?）这真不是吃人饭的人说的话，这真是下等无血动物。像这种下作无耻的国民，真不应当让他住在中国国土上呼吸空气。

（三）敬告日本国民

若说中国没有开发的利源很多，因为缺少资本和经验，工商业又不容易振兴；一方面日本因地小人多，有对外发展的必要，在人类共同生活的大义说起来，日本人若真心实行中日亲善主义，不占据中国土地，不侵害中国主权，不垄断中国的交通机关和矿山，破坏中国民族生存的基础，至于相当的工商业的和平发展，我们不但不反对，并且觉得有相互的利益。在日本民族发展上说起来，若定要实行军阀派的侵略野心，未必就能够将中国人斩尽杀绝，徒然弄得两民族感情日恶，一方面工商业上受绝大的影响，一方面势力范围日渐扩张，旅居中国的日人日渐加多，虚荣上、经济上虽有利益，而旅居中国的日人种种不法行为，不但大召中国人的恶感，并且影响于日本国民品行，不能不算是极大的损失。所以我要奉劝日本国民，若求日本民族在中国真实的、稳健的发展，应当用和平的工商主义，不应当用强迫的侵略主义。若说商业发展要有政治的强力保护，那么此时基督教在中国，何以比从前各国用强力保护干涉的时代还要发达呢？若说日本倘不侵略，就难免让欧、美人捷足先得，我看这种话头，正是逼迫中国人仇恨日本接近欧、美的原因。

（四）敬告外交当局

我们国民是何等昏惰，政府是何等糊涂，外交失败也不好专责备那[①]一方面。单说这山东问题，我们提出巴黎和会对德直接索回青岛或是各国暂时公管的希望，十有八九是一场春梦了。我们现在要提醒外交当局的，就是万不得已到了中日直接交涉地步，我们要抱定宗旨：若是日本肯把青岛和胶济路完全交还中国，并不要求他项权利，单是要求赔偿攻打青岛的兵费，我们还可以允许。若只是名义上的交还，除了承认他[②]继承德国已得权利以外，不能再添上丝毫别的矿山、铁道等经济上的利益。至于济顺、高徐两条铁路，是从山东问题又向北扩张到直隶问题，向南扩张到江苏问题，更是断断不能承认的。政府若是听从亲日卖国派的诡计，凭空断送重大权利，酿成直隶、山东、江苏三省的问题，这种卖国大罪，国民是万万不能再恕的了！

一九一九，五，十八

① 旧同“哪”。

② “五四”以前“他”兼称男性、女性以及一切事物。[见《现代汉语词典》（第7版）]

山东问题与上海商会

（一）上海总商会的佳电

北京分呈大总统、国务院、外交部、农商部均鉴：青岛问题激成全国公愤，皆由章使宗祥不胜其任。查章使于洪宪未成之后，不愿长农商，长司法，而独愿出使日本，其意不知何居？又查欧战开端，日本以哀的美敦书致青岛德军云："尔曹不退出，当以兵车相见。若青岛为我所占，待欧战平定交还中国。"此言也，全球皆知，岂能更变？今欧战既停，章使应如何商承政府，询问日本作何手续交还。乃计不出此，电请我政府提交欧会公决。不料因有英日、法日、意日密约之牵制，致遭失败。又不奉命遽回本国。甫抵都门，忽有辞职之意。携眷到津，复潜住曹寓。其父其兄，久处京城，何以舍而寓曹？情甚诡秘，人之猜疑，实由自召。值此舆论哗然，群情鼎沸，尚系对于章使具有愤懑不平之现象。而对于日本外交，并无别种举动。凡我国民，深知国步维艰，当静以处事。为此电请钧座，迅赐遣派资格声望足以胜任大使者，任命日使，克日起程，前往坚持欧战平定交还中国一语，径与日廷磋商交还手续。和平解决，免贻伊戚。并请电知陆专使，对于协约各国声明交还青岛之语，日本发表在先，与他条约并无牵制，应将此项议案提出大会，由中国派员与日本直接交涉。际此人心浮动，伏乞将办理情形晓示天下，俾安大局而免鼓噪。无任迫切待命之至。上海总商会叩，佳。

（二）日人对于佳电的欢感

日本人见了上海总商会的佳电，正合他们的意旨，所以十分欢迎，十分感谢。十三日北京《顺天时报》有一篇论说，题目叫做《读沪总商会对山东问题佳电之感言》。内中说道：

> 值此舆论喧嚣，纷纷自扰，或者煽惑学生，胁迫治安，以为争夺势利之计，或者利用谋伤两国关系，以为鹬蚌渔父之计。吾人夙为东亚大局忧之。顷读上海商务总会对山东问题呈请大总统、国务院，外交、农商两部之佳电，吾人实不能不有无限之感慨。盖全国商会之领袖，其镇静公正之态度，达观大局之见识，自有与一般嚣嚣者流不同者焉。

又说道：

> 该电又云："舆论哗然，群情鼎沸，尚系对于章使。而对于日本外交，并无别种举动。凡我国民，深知国步维艰，当静以处事。电请迅赐遣派资格声望足以胜任大使者，任命日使，克日起程，前往坚持欧战平定交还中国一语，径与日廷磋商交还手续。和平解决，免贻伊戚。并电知陆专使声明交还青岛之语日本发表在先，与他种条约并无牵制，应由中国派员与日本直接交涉。"云云。此尤为正当议论，正当办法。何其处心平静，而谋策宏远耶！苟中国国民及政府当局有此了解，有此用意，东亚两国之事更无何等困难之问题矣。

上海总商会诸君看见日本人这样夸奖他们，不知道难受不难受？惭愧不惭愧？后悔不后悔？

（三）上海商民反对总商会的函电

佳电发表后，上海商民大惊失措，痛恨总商会媚外辱国，群向商业公团联合会请求反对。亲向该公团询问办法的人很多。就中的商会会员实占多数。商业工团因此特开会议公决，除致函该商会诘责外，并为釜底抽薪的法子，电致北京声明否认佳电的主张。上海总商会久已众叛亲离，自有此次违犯众怒的佳电，尤足使旧日声名扫地以尽。兹将电函并录如下：

(1)[①] 商业公团致北京电：

> 急。北京大总统、国务院、外交部、农商部钧鉴：上海总商会佳电，主张青岛问题与日本直接交涉，极端否认。并请转电巴黎专使。上海商业公团联合会五十六公团叩。

(2) 公团致总商会函：

> 敬启者：顷阅报登贵总商会分呈大总统、国务院、外交部、农商部佳电，不胜疑讶。查青岛问题，我全国主张请求欧洲和议，由德国直接交回中国，并取消二十一条及各种密约，此万口一声，天下皆知者也。今读佳电，一则曰请遴派大使克日起程，径与日廷磋商交还手续，再则曰由中国派员与日本直接交涉等语；以上云云，是我全国人民所誓死坚拒，而日本所求之不得者，何以贵总会佳电违反民意，适为该国之愿，本会同人至愚，不解所谓，纷纷来函询问，应请高明详晰见复，以释群疑，是所切祷。此致上海总商会。

① 原书标题为“(一)”。为与上一级标题相区别，今按当前出版物标题层级要求改为“(1)”。本篇下文同。

(3) 赵锡恩致总商会函：

总商会主任、干事暨诸君大鉴：所贵乎商会者，以法定之机关，为商人之保障，谋利源之发展，助国家之富强，事至繁，任至重也。今我中国大势亟矣，外侮纷乘，其目的在夺我商人之生活。内乱蜂起，其结果亦以我商人为牺牲。商人于此更宜如何竭智代谋，翼护同类。……乃我观于我上海之总商会，则有惭骇悚惧大惑不解者，如青岛问题，关系我国在欧参预和议之成败，亦即关系我商业前途之存亡。失此不争，转瞬为高丽之续。我商人生计行见剥夺以尽。北京学生集合奋兴，共击误国之官。全国学生，闻风继起。商业团体联合会已于青岛问题、学生风潮有所建议。实力能及之举动，亦已沉毅进行。独我总商会徘徊瞻顾，若恐一经表示，即致开罪于强邻者。报纸宣传总商会重要分子，多欲顾全与日本人之私交，雅不愿其手掌中之商会，有违日本人之片面亲善主义。其言虽未可尽信，要之国人多数认我商会为麻木不仁之形式机关，益证以此次之态度，固已无可讳饰者也。鄙人亦商会一分子，诚欲湔雪此耻，敢求诸公振作精神，速图自白。今日报载我商会上政府电，主张派使赴日争回青岛，是不啻与虎谋皮。外人仍疑我商会暗助日本，贯彻其中日自决之主张，脱离欧洲和会公理之拘束。是虽勉发一电，仍未足餍人望。愚见以为我商会当此谴诟丛集之时，宜速召集全体大会，共同研究挽回主权、稳保商业之策。或电恳我国驻欧议和代表，向列强要求直接收回青岛，撤废二十一条苛约。如不得请，则拂袖径归，以示公理之不可屈伏。义愤所激，或能感动和会中人之良心，力持正义，保全中国。或更分电欧美各国大商会，表示我国商人之意思，痛陈中日交涉之不平。欧美各国商人不乏爱慕公道之士，度能出一言以为声援。此外更须警告日本商会，晓以利害，使知两国人民恶感愈深，日本商人将不能立足于中国。彼等怵于生计之丧失，当必苦劝政府收拾野心，改变政策。一面由我商会提倡相当御侮之法，以促野心家之反省。苟能同心戮力，持久不懈，而谓毫无效果可收者，吾不信也。惟事机万急，稍纵即逝。……鄙人本责备贤者之义[①]，所以切望于我商会者至重。……急不择言，诸希鉴察。

（4）沈卓吾致总商会函：

顷见报纸载贵会对于青岛问题所发之佳电，言人所不忍言。此种独得之见解，究出谁人之主张？且佳电之责任，抑仅贵会会长负之耶？抑此外有无代为负责之人也？事关国家，不得不有以奉询，务祈明示为祷。

（四）提交和会与中日自决的利害

山东交涉问题，中国人主张在巴黎和平会议交涉，日本人原来希望不提交和会，由中日两国直接自决——这两种不同的办法，和中日两国的国际地位及将来山东的利害关系极大。日本希望直接交涉，有三种意思：

（1）是青岛问题若不提出和会公决，由中日私自议决，这便造成中日两国在和会里不能列在国际平等地位，这便造成日本代表东亚诸国立在盟主地位，这便造成日本在亚洲的蒙罗主义。同一交还青岛，由和会议决与中日自决，关系两国的国际地位狠[②]大。所以十四日《顺天时报》明白说道：“关于山东问题最可注意之点，即日本力争由日本将青岛交还中国者果为何故是也。日本所争者，非区区之青岛，非区区之山东，实为维持东洋唯一强国之体面。而所谓维持体面者，又非徒在虚荣，实为东洋百年之安宁计也。”

---

① 原文如此。似当为“本无责备贤者之义”。

② 旧同“很”。

（2）是由和会议决，精神上还是中德的交涉；由中日自决，精神上、形式上都是中日交涉。青岛问题完全归到中日交涉，便根本上已经承认日本在山东的权利了。

（3）是由中日直接交涉，日本便可以用兵力和贿赂对待中国政府，借口交还名义上的青岛，又可以取得一大批德国权利以外的济顺、高徐铁路和许多矿山的权利。为日本利益打算，自然是中日直接交涉的好，所以曹汝霖也说日本必将青岛交还中国，倘不交还，他也出来反对。上海总商会这样糊涂的主张（其实用不着他们主张，已经到了这不幸的地位了），一定说他们暗助日本，或者有点冤枉。但是他们不读书，不看报，不求知识，不明白世界潮流大势，随便妄谈国事，实在是万分危险呵！

一九一九，五，十八

山东问题与国民觉悟

——对外、对内两种彻底的觉悟

山东问题，我们原来希望在欧洲和会要求由德国直接交还青岛、胶州湾和胶济路；现在所以要失败的缘故，一是受了英、法、意、日四国用强权拥护那伦敦密约的束缚，二是受了我们政府和日本所订的二十一条密约及胶济换文济顺、高徐合同的束缚。有这层层束缚，所以日本人敢于高视阔步，目无公理，目无世界各国的非难，要夺取我们的山东。

我国民眼见这种失败，自然应该愤恨，自然应该责备日本，自然应该抵制日本，唤起他们不要侵略中国的觉悟。但是我们仅仅为了山东问题的刺激才知道愤恨，才知道责备日本，才知道抵制日本，而且仅仅知道愤恨，仅仅知道责备日本、抵制日本，而且眼光仅仅不出一个山东问题，我以为这种观察很浅薄，这种觉悟很不彻底，简直算得没有觉悟。

我们国民因为山东问题，应该有两种彻底的觉悟：

（一）不能单纯依赖公理的觉悟；

（二）不能让少数人垄断政权的觉悟。

这回欧洲和会只讲强权不讲公理，英、法、意、日各国硬用强权拥护他们的伦敦密约，硬把中国的青岛送给日本交换他们的利益，另外还有种种不讲公理的举动，不但我们心中不平，就是威尔逊总统也未免有些纳闷。但是经了这番教训，我们应该觉悟公理不是能够自己发挥，是要强力拥护的。譬如俄、德两国的皇帝都是强横不讲公理，若没有社会党用强力将他们打倒，他们不仍旧是雄纠纠①的②在那里逞武力，结密约，说什么国权国威，对于国民和邻邦称强称霸吗？袁世凯想做皇帝，若不是护国军用强力将他打倒，恐怕如今还坐在金銮殿上称孤道寡哩。现在中日两国的军阀，不都是公理的仇敌吗？两国的平民若不用强力将他们打倒，任凭你怎样天天把公理挂在嘴上喊叫，他们照旧逆着公理做去，你把他们怎样？所以我们不可主张用强力蔑弃公理，却不可不主张用强力拥护公理。我们不主张用强力压人，却不可不主张用强力抵抗被人所压。我们不可不承认托尔斯泰（Tolstoi）的不抵抗主义是辱没人格、民族自灭的谬说。我们不可不承认尼采（Nietzsche）、斯特勒（Stinor）诸人的强力唯我主义有不可磨灭的价值。一个人、一民族若没有自卫的强力，单只望公理昌明，仰仗人家饶恕和帮助的恩惠才能生存，这是何等卑弱无耻不能自立的奴才！

我们国民的生存权利，被历来政府当局断送的已不知有多少，又何止山东的一个青岛、几条铁路。这些权利当中，因为国力不能抵抗明白断送的至多不过一半。其余一多半都是因为交换私人利益和保全私人地位秘密断送的。（曹汝霖辞职呈文中已明白说出。）这种秘密断送的黑暗外交，不但现在的政府当局不能免，若让少数人垄断政权，就是再换一班人来组织政府，也是半斤等于八两。因为人性恶的方面人人都是一样，若没有社会制裁，那自专利己贪得心谁也不免，这就是一人或少数人专制政治所以不能存在的根本。根本救济的方法只有“平民征服政府”。由多数的平民——学界、商会、农民团体、劳工团体——用强力发挥民主政治的精神（各种平民团体以外，不必有什么政党），叫那少数的政府当局和国会议员都低下头来听多数平民的命令。无论内政外交，政府国会都不能违背平民团体的多数意思。至于那“妄干政治”“妨害公安”“破坏秩序”“凌蔑法

---

① 今作“雄赳赳”。

② 当时用法，今作“地”。

纪”“希图扰乱”“荧惑众听”“破坏国家”“弁髦命令”“纠众滋事”“政府自有权衡”等等废话，一概免开尊口。倘不能照这样征服他们，凭空想他们拿出良心，对外不秘密断送国民的生存权利，对内不违法侵害国民的自由权利，真算是望梅止渴了。

我们因为山东问题，应该发生对外、对内两种彻底的觉悟。由这彻底的觉悟，应该抱定两大宗旨，就是：

强力拥护公理。

平民征服政府。

一九一九，五，廿六

我们究竟应当不应当爱国？

爱国！爱国！这种声浪，近年以来几乎吹满了我们中国的各种社会。就是腐败官僚、蛮横军人，口头上也常常挂着爱国的字样；就是卖国党，也不敢公然说出不必爱国的话。自从山东问题发生，爱国的声浪更陡然高起十万八千丈，似乎“爱国”这两字，竟是天经地义，不容讨论的了。

感情和理性，都是人类心灵重要的部分，而且有时两相冲突。爱国大部分是感情的产物，理性不过占一小部分，有时竟全然不合乎理性。（德国和日本的军人，就是如此。）人类行为，自然是感情冲动的结果。我以为若是用理性做感情冲动的基础，那感情才能够始终热烈、坚固、不可摇动。当社会上人人感情热烈的时候，他们自以为天经地义的盲动往往失了理性，做出自己不能认识的罪恶。（欧战时法国、英国市民打杀非战派，就是如此。）这是因为群众心理不用理性做感情的基础，所以群众的盲动有时为善，有时也可为恶。因此我要在大家热心盲从的天经地义之“爱国”声中，提出理性的讨论，问问大家，我们究竟应当不应当爱国？

若不加以理性的讨论，社会上盲从欢呼的爱国，做官的用强力禁止我们爱国，或是下命令劝我们爱国，都不能做我们始终坚持有信仰的行为之动机。

要问我们应当不应当爱国，先要问国家是什么。原来国家不过是人民集合对外抵抗别人压迫的组织，对内调和人民纷争的机关。善人利用他[①]

---

① “五四”以前“他”兼称男性、女性以及一切事物。［见《现代汉语词典》（第7版）］本篇下文同。

可以抵抗异族压迫，调和国内纷争；恶人利用他，可以外而压迫异族，内而压迫人民。

我们中华民族，自古闭关，独霸东洋，和欧、美、日本通商立约以前，只有天下观念，没有国家观念。所以爱国思想，在我们普遍的国民根性上，印象十分浅薄。要想把爱国思想造成永久的、非一时的，和自古列国并立的欧洲民族一样，恐怕不大容易。

欧洲民族自古列国并立，国家观念很深，所以爱国思想成了永久的国民性。近来有一部分思想高远的人，或是相信个人主义，或是相信世界主义，不但窥破国家是人为的不是自然的没有价值，并且眼见耳闻许多对内对外的黑暗罪恶都是在国家名义之下做出来的。他们既然反对国家，自然不主张爱国的了。在他们眼里看起来，爱国就是害人的别名。所以他们把爱国杀身的志士，都当做迷妄疯狂。

我们中国人无教育、无知识、无团结力，我们不爱国，和那班思想高远的人不爱国，决不是一样见解。官场阻止国民爱国运动，不用说更和那班思想高远的人用意不同。我现在虽不能希望我们无教育、无知识、无团结力的同胞都有高远思想，我却不情愿我们同胞长此无教育、无知识、无团结力。即是相信我们同胞从此有教育、有知识、有团结力，然后才有资格和各国思想高远的人公同①组织大同世界。

我们中国是贫弱受人压迫的国家，对内固然造了许多罪恶，“爱国”二字往往可以用做搜刮民财、压迫个人的利器，然而对外一时万没有压迫别人的资格。若防备政府利用国家主义和国民的爱国心去压迫别国人，简直是说梦话。

思想高远的人反对爱国，乃是可恶野心家利用他压迫别人。我们中国现在不但不能压迫别人，已经被别人压迫得几乎没有生存的余地了。并非压迫别人，以为抵抗压迫、自谋生存而爱国，无论什么思想高远的人，也

---

① 今作“共同”。

未必反对。个人自爱心无论如何发达，只要不伤害他人生存，没有什么罪恶。民族自爱心无论如何发达，只要不伤害他族生存，也没有什么罪恶。

据以上的讨论，若有人问：我们究竟应当不应当爱国？我们便大声答道：

我们爱的是人民拿出爱国心抵抗被人压迫的国家，不是政府利用人民爱国心压迫别人的国家。

我们爱的是国家为人民谋幸福的国家，不是人民为国家做牺牲的国家。

一九一九，六，八

欢迎湖南人底[1]精神

在我欢迎湖南人底精神之前，要说几句抱歉的话，因为我们安徽人在湖南地方造的罪孽太多了，我也是安徽人之一，所以对着湖南人非常地惭愧。

湖南人底精神是什么？“若道中华国果亡，除非湖南人尽死。”无论杨度为人如何，却不能以人废言。湖南人这种奋斗精神，却不是杨度说大话，确实可以拿历史证明的。二百几十年前底王船山先生，是何等艰苦奋斗的学者！几十年前底曾国藩、罗泽南等一班人，是何等“扎硬寨”“打死战”的书生！黄克强历尽艰难，带一旅湖南兵，在汉阳抵挡清军大队人马；蔡松坡带着病亲领子弹不足的两千云南兵，和十万袁军打死战；他们是何等坚忍不拔的军人！湖南人这种奋斗精神，现在那[2]里去了？

我曾坐在黑暗室中，忽然想到湖南人死气沉沉的景况，不觉说道：湖南人底精神那里去了？仿佛有一种微细而悲壮的声音，从无穷深的地底下答道：我们奋斗不过的精神，已渐渐在一班可爱可敬的青年身上复活了。我听了这类声音，欢喜极了，几乎落下泪来！

后来我出了暗室，虽然听说湖南人精神复活底消息，但是我盼望有许多事实可以证明他们真实的复活，不仅仅是一个复活底消息，不使我的欢喜是一场空梦。

个人的生命最长不过百年，或长或短，不算什么大问题，因为他不是

---

① 旧同“的”。本篇下文同。

② 旧同“哪”。本篇下文同。

真生命。大问题是什么？真生命是什么？真生命是个人在社会上留下的永远生命，这种永远不朽的生命，乃是个人一生底大问题。社会上有没有这种长命的个人，也是社会底大问题。

Olive Schreiner 夫人底小说有几句话："你见过蝗虫，他们怎样渡河么？第一个走下水边，被水冲去了，于是第二个又来，于是第三个，于是第四个；到后来，他们的死骸堆积起来，成了一座桥，其余的便过去了。"（见六卷六号《新青年》六〇一页。）那过去底人不是我们的真生命，那座桥才是我们的真生命，永远的生命！因为过去底人连脚迹也不曾留下，只有这桥留下了永远纪念底价值。

不能说王船山、曾国藩、罗泽南、黄克强、蔡松坡已经是完全死去的人，因为他们桥的生命都还存在。我们欢迎湖南人底精神，是欢迎他们的奋斗精神，欢迎他们奋斗造桥的精神，欢迎他们造的桥，比王船山、曾国藩、罗泽南、黄克强、蔡松坡所造的还要雄大精美得多。

一九二〇，一，五

《伙友》发刊词

从广义说起来，凡被雇的月薪劳动者都属于劳动阶级，所以商店里的伙友可以合工厂、矿山劳动者及交通劳动者成一个大团体，分开来这三种，可以说是阶级战争底[①]三大军团。此时中国这三种劳动者底境遇无不苦恼，商店底劳动者知识比别的劳动者发达得多，而又无法改良他们的境遇，所感的苦恼更甚。现在要联合起来，各人说说苦恼底状况及原因，公同[②]商量一个改良的方法才好。

因为商业竞争上的关系，把人类有用的精力用在许多无用的地方，这是资本家生产制各种弊害之一；因此“废商论”在新的经济思潮里得了很大的势力。但是现在商业底经验及技术到了废止个人的商业竞争时代，在社会的工业自治上也有很重要的职务，不可轻忽的。所以商业伙友们要觉悟不但自己的境遇有新旧改革底必要，就是自己的经验及技术底用途也有新旧改革底必要。

简单说起来，本周刊发行底目的有二，就是：

（一）诉说伙友们现在的苦恼。

（二）研究伙友们将来的职务。

一九二〇，十，十

① 旧同“的”。本篇下文同。

② 今作“共同”。

平民教育

教育虽然没有万能的作用，但总算是改造社会底①重要工具之一，而且为改造社会最后的唯一工具，这是我们应该承认的。我是一个迷信教育的人，所以连贵族的教育我也不反对，而况且在教育极幼稚的中国。话虽如此说，而我们希望教育界有由贵族的到平民的趋势。在工业未发达的社会里希望教育发达，自然是妄想；在社会主义未实现的社会里希望教育是平民的，自然也是妄想；但是在工业幼稚的资本制度之下能有少数的学校倾向平民主义，却也未尝是绝对做不到的事。我对于教育的意见，第一是希望有教育，无论贵族的、平民的都好，因为人们不受教育，好像是原料不是制品；第二是希望教育是平民的而非贵族的，因为资本社会里贵族教育制造出来的人才，虽非原料，却是商品。

上海是全中国工商业最盛的地方，教育也相当的发达起来了，但所有的男女教育是不是制造商品，却待大家扪心自思。我也不忍妄说，惟希望新成立的平民女学校作一个风雨晦冥中的晨鸡！

一九二二，三，五

① 旧同“的”。本篇下文同。

基督教与基督教会

我们批评基督教，应该分基督教（即基督教教义）与基督教教会两面观察。

基督教教义自然不是短篇文章所可说得详尽，但是他[①]教义中最简单、最容易说明的缺点，就是上帝全能与上帝全善说矛盾不能两立。依我们的日常所见的恶事和圣书中所称的恶魔和耶稣代人类所赎的罪恶，这万恶的世界是谁创造出来的？人类无罪，罪在创造者；由此可以看出上帝不是“非全善”便是“非全能”。我们终不能相信全善而又全能的上帝无端造出这样万恶的世界来。此外耶稣一生的历史像降生、奇迹、复活等事，都没有历史和科学的证据使我们真实相信，这也是教义上小小的缺点。博爱、牺牲自然是基督教教义中至可宝贵的成分，但是在现在帝国主义、资本主义的侵略之下，我们应该为什么人牺牲，应该爱什么人，都要有点限制才对，盲目的博爱、牺牲反而要造罪孽。

在现在人智发达的社会里，一切古代人智蒙昧社会所遗传的宗教教义底缺点自然都暴露出来了，所以我们不必对于基督教教义的缺点特别攻击；至于基督教教会自古至今所作的罪恶，真是堆积如山，说起来令人不得不悲愤而且战栗！

异教审判所 Inquisition 之暴烈的压迫人们思想自由，我们是忘不了的。在“信礼”（Auto-da-fe）美名之下所烧杀的男女，我们是忘不了的（托尔克马达做异教审判所所长时，仅西班牙被烧杀的异教徒有八千人，财产被

① “五四”以前“他”兼称男性、女性以及一切事物。[见《现代汉语词典》（第7版）] 本篇下文同。

收没的九万人；荷兰加耳五世时，被杀者五万人，前后遭教会之嫉恶而牺牲的人在一千万以上）；修道院利用“隐匿权”（Droit de refuge）为种种罪恶之巢窟，我们是忘不了的；西班牙官吏阿拉委大因信奉哥白尼学说收没财产禁锢修道院八年的事，我们是忘不了的；教皇仇视人身解剖学及教会指韦萨留斯（著有《人身构造论》，集人身解剖学之大成）为恶魔宣告死刑的事，我们是忘不了的：像此等压迫思想自由、压迫科学的事，细举起来，一大本书也载不了，这都是基督教教会过去的罪恶。

现在怎么样呢？大战杀人无数，各国的基督教教会都祈祷上帝保佑他们本国的胜利，各基督教的民族都同样的压迫远东弱小民族；教会不但不帮助弱小民族来抗议，而且作政府殖民政策底导引（德国宣教师在胶州事件就是一个明显的例）。“我给你圣经，你给我利权”这句话，真形容得他们惟妙惟肖；无数的宣教师都是不生产的游民，反要劝说生产劳动者服从资本家；无一国的教会不是日日向资本家摇尾乞怜，没有财产的新教教会更甚；我们眼见青年会在中国恭维权贵、交欢财主、猎人敛钱种种卑劣举动，如果真是基督教的信徒，便当对他们痛哭；无论新旧教会，都以势力、金钱号召，所以中国的教徒最大多数是“吃教”的人；教会在中国所设学校无不重他们本国语言文字而轻科学，广东某教会学校还有以介绍女生来劝诱学生信教的，更有以婚姻的关系（而且是重婚）诱惑某教育家入教的，势力、金钱之外，还要用美人计来弘教，是何等下流！

综观基督教教会底[①]历史，过去的横暴和现在的堕落都足以令人悲愤而且战栗，实在没有什么庄严神圣之可言。

我始终总觉得基督教与基督教会当分别观察，但是我的朋友戴季陶先生他坚说基督教教会之外没有基督教，不知道教会中人对此两说作何感想？

一九二二，三，十五[②]

---

① 旧同“的”。

② 原书此篇无日期，现依据相关研究资料添加。

出版后记

（一）

《独秀文存》收录了陈独秀 1915 年 9 月到 1921 年 8 月所写的部分论文、随感和公开发表的通信，约 60 万字，1922 年由上海亚东图书馆出版，分为论文、随感录、通信三卷四册。

陈独秀（1879—1942），安徽怀宁（今安庆市）人，新文化运动的倡导者，“五四”运动的思想指导者，马克思主义的积极传播者，中国共产党重要的创始人和早期重要领导人。陈独秀的一生，与激荡的时代风云相始终，波澜壮阔，起伏跌宕。他的身上，既有职业革命家的豪迈与激情，又有传统知识分子的狷狂和不羁，这样的性格特点，塑造了他一生的悲剧气质，也注定了他一生的浮浮沉沉、不同寻常。王观泉先生说：“陈独秀一生有三大阶段：一、‘五四’运动；二、创导中国共产党并领导工作了七年；三、成为中国托派领袖。《独秀文存》是陈独秀第一阶段的论著粹编。”① “在陈独秀生前足以代表他政治思想、革命智谋和政治见解，以及广泛意义上的文化创见的，仅仅只有这部《独秀文存》。”②

《独秀文存》分为论文、随感录、通信三卷。“论文”部分文字最多，约占全书二分之一强，所收主要是陈独秀发表在《新青年》上的文章，如《青年杂志》（1916 年 9 月 1 日改称《新青年》）的发刊词《敬告青年》一文，在《独秀文存》中被列为第一篇，这不仅仅因为该文发表时间最早，

---

①② 王观泉．重印本《独秀文存》序：一个人和一本书的故事[J]．鲁迅研究月刊，2001(2)．

也因它是最能充分体现陈独秀倡导新文化思想的一篇文章。在文章中，陈独秀从进化论的观点出发，热烈地宣告“青年之于社会，犹如新鲜活泼细胞之在人身。新陈代谢，陈腐朽败者无时不在天然淘汰之途，与新鲜活泼者以空间之位置及时间之生命”。他号召青年要认识到自身价值，承担起自身责任，“奋其智能，力排陈腐朽败者以去”。那么，什么是“新鲜活泼”而不是“陈腐朽败”呢？陈独秀提出了六项标准（六义），即“自主的不是奴隶的，进步的不是保守的，进取的不是退隐的，世界的不是锁国的，实利的不是虚文的，科学的不是想象的”。可以说，贯穿于这六项标准之中的，是民主与科学的精神，因此该文也可被视为新文化运动兴起的宣言。除《敬告青年》外，“论文”部分还收录了《文学革命论》《驳康有为〈共和评议〉》《偶像破坏论》《宪法与孔教》《〈每周评论〉发刊词》等一系列重要文章，这些文章充分体现出陈独秀时政论文的风格。他一支健笔，拨动时代风云，论人论事鞭辟入里，文字纵横捭阖，汪洋恣肆。与他直率、激烈的性格一样，他的文章不绕弯子，直来直去，没有丝毫的含混模糊。

“随感录”为针对性很强的杂感，短小精悍，多则百余字，少则数十字。陈独秀可算是“随感”的开创者，1918 年 4 月 15 日，陈独秀的三篇随感发表在《新青年》上。此后，在《新青年》和《每周评论》上，陈独秀发表了大量的随感，《独秀文存》中收录的 160 篇随感即来源于上述两本杂志。陈平原先生认为，“随感录”是一种“兼及政治与文学、痛快淋漓、寸铁杀人的文体”，“不仅仅为作家赢得了一个自由发挥的专栏/文体，更凸显了‘五四’新文化人的一贯追求——政治表述的文学化。”①这些“寸铁”（即子弹）般尖锐有力的杂感直指当时的现实问题，射向军阀、政客、官僚、遗老遗少等，一针见血，痛快淋漓。鲁迅在 1921 年致

① 陈平原.“妙手”如何“著文章”——为《新青年》创刊九十周年而作[J]. 同舟共进，2005(5).

信周作人时，对陈独秀“随感”的风格做了一个评价：“惟独秀随感究竟爽快耳 。”[①] “爽快”，这可算是对陈独秀“随感”风格最精要传神的概括。

“通信”是《独秀文存》中的重要部分，最能直接反映陈独秀的思想，所收录的信件主要是他主创《新青年》时期读者的来信以及他对这些来信的公开作答。既为公开作答，除了回复读者疑问甚至是问难外，陈独秀更是要借助给读者回信这一机会，表明自己对当时的政治、思想、文化领域各种趋势和问题的看法，用意在于将问题的讨论引向深入。“通信”部分的来信者，有教授、学者，也有青年学生；有陈独秀的思想同道，也有文化保守主义者和他的论敌。针对来信的内容，陈独秀或赞同，或驳斥，或辨析，或反诘，不少回信文字不多，只寥寥数百字，却有泰山压顶之势，迅疾就将对手“打翻在地”。他善于抓住对手的漏洞，以子之矛攻子之盾，回击犀利，直指要害，丝毫不留情面，绝不拖泥带水，笔锋所指，万人披靡。这些当年支撑起《新青年》的“通信”，被陈平原先生称为“神品”[②]。自然，《独秀文存》中的这些“通信”，是最能体现陈独秀论战文字风格，也最能体现他作为一个文化斗士个性的文字。

陈独秀在《独秀文存·自序》中说过：“我这几十篇文章，不但不是文学的作品，而且没有什么系统的论证，不过直述我的种种直觉罢了；但都是我的直觉，把我自己心里要说的话痛痛快快的说将出来，不曾剿袭人家的说话，也没有无病而呻的说话。”不做无病呻吟，把自己的思想痛痛快快地说出来，正是《独秀文存》展现出的风格和魅力。也正因为“直述直觉”，尽吐胸臆，这些文章才真实可爱，才能时隔近百年后，仍然能让我们触摸到当时时代的脉动，感受到当年字纸上的温度。蔡元培先生在为该书第九版所做的序言中说：“这部《文存》所存的，都是陈君在《新青

---

① 转引自范文静.《独秀文存》的文学史意义研究[D]. 昆明：云南师范大学，2016.

② 陈平原.“妙手”如何“著文章”——为《新青年》创刊九十周年而作[J]. 同舟共进，2005(5).

年》上发表过的文章，大抵取推翻旧习惯、创造新生命的态度，而文章廉悍，足药拖沓、含糊等病；即到今日，仍没有失掉青年模范的资格。”其实又何止是青年，今天的读者，无论少长，再次阅读该书，相信都能从中获益。

（二）

《独秀文存》1922 年 8 月由上海亚东图书馆出版，首印 3 000 部，不及一月即销售一空。同年再版，再印 3 000 册，亦很快告罄。1922—1926 年，该书共印刷了 8 次，累计印数高达 29 000 部。

1932 年，陈独秀在上海公共租界被捕，后被押往南京待审，在与前往狱中探望的亚东图书馆汪原放见面时，陈独秀对当年出版的《独秀文存》仍念念不忘，他说：“我欠亚东的钱实在不少了，心里很难过，你可以把《独秀文存》重印出来，让我快快拿版税把亚东的账结清才好。”于是 1933 年 10 月，亚东图书馆再次印刷了 1 000 册《独秀文存》（第九次印刷）。因销路不错，1934 年 3 月，又第十次印了 4 000 册。第九次和第十次印刷，与之前的八次印刷所用的是同一纸型，因此文字上并无差别。只是从第九次印刷起，为声援身陷囹圄的陈独秀，国民党元老、曾经的北京大学校长蔡元培为《独秀文存》亲自写了序言，这也成为九印、十印与之前版本最大的区别。至此，《独秀文存》总计印刷了十次，三万多部。

中华人民共和国成立后，由于特殊的历史原因，1952 年，亚东图书馆被查封，《独秀文存》也不再刊印。直到 30 多年后的 20 世纪 80 年代，国内才有出版社重新印刷出版《独秀文存》。20 世纪 80 年代后国内出版的《独秀文存》主要有三种：一是安徽人民出版社 1986 年出版的简体横排版。因出版年代距今天已较久远，市面上已经很难见到该版本。二是贵州教育出版社 2005 年 4 月出版的《〈独秀文存〉选》，简体横排。该书为《独秀文存》的选编本，未能反映《独秀文存》的全貌。三是 2013 年 8 月外文出版社出版的《独秀文存》影印版，繁体竖排。该版本以 1933 年上海亚东图书馆第九版为底本影印，保留了原书风貌，但因是繁体竖排，且使用的标点符号也与现行标点符号用法不同，对于现代读者来说，阅读上较为不便。

（三）

鉴于以上情况，首都经济贸易大学出版社决定以 1933 年亚东图书馆《独秀文存》第九版为底本，同时参考其他版本，出版《独秀文存》简体横排版。

我们的版本具有以下一些主要特点：

第一，简体横排，依照现今标点符号用法对原版本重新加以标点，以方便现代读者阅读和相关研究者参考使用。

第二，改变原书分册方式，重新分为四册。《独秀文存》原书分为论文、随感录、通信三卷，其中第二卷“随感录”字数较少，不及 10 万字。原书将三卷分为四册：第一、第二册和第三册一部分为第一卷“论文”部分，第三册后一部分为第二卷“随感录”，第四册为第三卷“通信”。这样分册，虽然使四册的页数大体相当，但将第一卷分到了三册中，与第二卷混排在一册，给读者阅读造成不便。因此，我们此次采取了新的分册方式，即：将第一卷“论文”分成第一册、第二册（称为《论文上》《论文下》）；第二卷“随感录”自成一册，为第三册；第三卷“通信”仍在第四册。这样分册，虽使第三册页码较少，但读者选择不同卷目阅读时更为方便。

第三，为体现原亚东图书馆版本的价值，本次简体横排出版时，基本仅做繁体字简化工作，对原版中的文字绝大多数情况下不做改动。

具体来说，针对不同情况所做的相应处理如下：

1. 对于原书中明显的错字、错误（如缺字，或根据上下文义判断为明显的错误），在正文中加以修改，并在页下注中加以说明。如：原书中“相形见拙”一词，疑有误，依上下文意思改为“相形见绌”；原书中人名有“吴稚辉”，当误，改为“吴稚晖”；原书中“黑越越”一词，当误，改为“黑魆魆”；等等。

2. 对于除人名之外的异体字，按照现代汉语用字规范要求，直接在正文中加以修改，不再注释说明。对于人名中出现的异体字，则保留原字，如“常乃悳”。

3. 原书中某些字、词的用法或意思与今天有较明显不同，为避免读者理解上产生疑义，正文中不做修改，以页下注的方式加以说明。如，“削灭”、“植产”、“唱道”（同今“倡导”义）、“销沉”、“刺戟”、“妨止”、“炭素”、“取销”、“辨驳”、“根深底固”、“骈丽”、“公同”、“联续”、“真象”，等等。

4. 对于原书中其他一些字词的用法，我们主要以《现代汉语词典》（第七版）（以下简称《现汉》）为依据，同时参考《辞海》《古代汉语词典》等辞书，区别情况后加以不同的处理。

第一种情况，诸如原书中的“想像”一类词，按照《现汉》，推荐用词为“想象”，在“想象”词条解释后附有说明：“也作想像。”对于此种情况，考虑到原书用词在《现汉》中仍有收录，且不影响现代读者理解和阅读，我们对原书用字、用词不做修改，也不再在页下注释说明。原书中涉及此类情况的字词有：“想像”“惟一”“展转”“摹仿”“骨董”“无需”“著手”“左证”“详实”“那末”“澈底”“颁白”“人材”“飘渺”“传钞”“牵就”“原由”“磨练”“孳生”“身分”“屈伏”，以及“卒”（同“猝”）、“甚”（同“什”）、“希”（同“稀”）、薰（同“熏”）；等等。

第二种情况，原书中一些字词，《现汉》中明确标注为“旧同”“古同”“书同”等情况，我们不做改动，在页下注中加以说明。比如，当时用法中“那”“哪”是可以通用的，对于原书中“那”表示今天“哪”这个意思时，《现汉》中的说明为“旧同哪”。因此，我们在正文中保留原版文字，以页下注形式加以说明。涉及此类情况的字有：“那”（旧同“哪”）、狠（旧同“很”）、大（旧同“太”）、钞（旧同“抄”）、“畔”（古同“叛”）、“罢”（古同“疲”）、“叙”（书同“序”）、“谭”（书同“谈”），等等。

第三种情况，对于原书中“他”字既指代男性，也指代女性和其他事物的情况，《现汉》中有明确说明，为此，我们对原书中“他”字的用法不做修改，仅在页下注中加以说明。

5. 对于译名，除对极个别人名、地名当时与现今译法不同的情况做了改动并说明外，均保留原书中的译名，不做修改和说明。

6. 对于原书中所引古代典籍的文字，与今通行本不同的，不在正文中加以改动的，以页下注的形式加以说明；凡在正文中依今通行本做了调整的，均以页下注说明改动的情况。

总之，我们希望通过这样的方式，既最大限度地保持原版文字的原汁原味和版本价值，也尽最大努力避免歧义，给当今读者的阅读提供方便。

《独秀文字》洋洋六十余万言，从第一篇文章《敬告青年》（写于1915年9月）算起，到所收录的最后一篇文章《答蔡和森（马克思学说与中国无产阶级）》（写于1921年8月），前后共七年，跨越了新文化运动勃兴和五四运动的整个时期。七年中，陈独秀面对不同的社会问题，发表不同的议论，同时，他的思想也随着时代的变迁和发展日臻成熟。《独秀文存》的出版者、亚东图书馆的汪原放在后来的回忆中说：“《文存》里的文章，多数是关于民主与科学的，但后来已经有一些倾向于社会主义的了。”此话颇有见地。《独秀文存》反映的，正是陈独秀从激进的民主主义者演变为马克思主义者的过程。《独秀文存》所记录下的，不仅仅是陈独秀在这一时期的思想变化和心路历程，更主要反映了中国共产党成立前的思想准备过程，因而具有非常重大的思想和理论研究价值。希望通过我们这次对《独秀文存》的整理出版，为国内外陈独秀研究工作提供有价值的参考文献，对推动陈独秀研究工作的进一步深入有所帮助，有所裨益。

出版者

2017 年 11 月